D1877157

Matt Galan Abend
Celia Elsdörfer
Trennung oder Neuanfang?

vianova
Verlag Via Nova

Matt Galan Abend
Celia Elsdörfer

Trennung oder Neuanfang?

Bewältigung von Partnerschaftskrisen aus psychologischer und juristischer Sicht

vianova
Verlag Via Nova

1. Auflage 2009
Verlag Via Nova, Alte Landstr. 12, 36100 Petersberg
Telefon: (06 61) 6 29 73
Fax: (06 61) 96 79 560
E-Mail: info@verlag-vianova.de
Internet: www.verlag-vianova.de
www.transpersonale.de
Umschlaggestaltung: Kommunikationsdesign Guter Punkt, München
Druck und Verarbeitung: Fuldaer Verlagsanstalt, 36037 Fulda

© Alle Rechte vorbehalten.

ISBN 978-3-86616-141-2

Inhalt

Nur ein ganz kurzes Vorwort

Dieses Buch beschäftigt sich mit dem Schwierigsten, das wir uns in unserem Leben vornehmen können, dem engen, vertrauten und intimen Zusammenleben mit einem Menschen des anderen Geschlechts. Einem Zusammenleben, das in der Regel zwar für die gesamte verbleibende Lebenszeit geplant wird, dieses Planziel aber in der heutigen Zeit nur noch relativ selten erreicht.

Konfliktstoff ist in jeder engen Partnerschaft schon dadurch gegeben, dass jeder Mensch ein absolutes Unikat ist. Niemals gibt es zwei deckungsgleiche Unikate – oder es wären keine Unikate. Die romantische Vorstellung von Gleichdenken und -fühlen, von Einssein und Immer-Zueinanderstehen erlebt nicht selten schon nach kurzer Zeit schwerste Erschütterungen.

Solche Erschütterungen toben sich zunächst zwar vorwiegend auf der mentalen Ebene aus, werden dann aber – falls die Partner nicht mehr zum gemeinsamen Weg zurückfinden – in der Regel auch auf der juristischen Ebene fortgesetzt.

Dieses Buch ist sozusagen ein Zwei-Buch. Es möchte Sie mit der psychologischen wie auch mit der juristischen Betrachtungsweise von Partnerschaftsproblemen konfrontieren, und ich bin sehr dankbar, dass ich Frau Celia Elsdörfer, die in München als Rechtsanwältin und Mediatorin praktiziert, zu einer Mitarbeit an diesem Buch gewinnen konnte. Ein Glücksfall, denn sie repräsentiert nicht den Typ des um sich schlagenden Juristen, sondern sieht hinter allem auch die menschliche und spirituelle Dimension und will vor allem helfen. Dass Mediation dabei nichts mit Meditation zu tun hat, können Sie im Anhang dieses Buches nachlesen.

Sie dürfen also gespannt sein auf das, was Sie in diesem Buch erwartet, und wenn dies dann bei Ihnen zu einer etwas anderen Sicht der Dinge führen sollte, wenn dadurch etwas vermieden werden könnte, was zunächst unvermeidbar erschien, wenn es Ihrer Partnerschaft und deren Fortbestand gut täte, dann hätte dieses Buch seinen Sinn erfüllt.

Die juristische Sicht und praktische Erfahrung von Frau Elsdörfer ist am Ende eines jeden Kapitels in einer anderen Schriftart und kursiv gesetzt. So bekommen Sie immer eine möglichst ganzheitliche Betrachtungsweise und wissen doch immer, aus welchem Blickwinkel Sie gerade das Problem betrachten.

Ich wünsche Ihnen ein segensreiches und hoffentlich auch recht vergnügliches Studium dieses Buches.

Ihr

Matt Galan Abend

1

Wer möchte das nicht erreichen?

Eine erfüllte, glückliche und lebenslange Partnerschaft, die von gegenseitigem Verständnis, von Liebe und Zärtlichkeit, von Vertrauen, Güte und absoluter Verlässlichkeit getragen ist.

Ich bin überzeugt, dass die meisten Menschen dies gerne erreichen würden, dass sie sich dies auch ganz fest vornehmen und alles tun, um eine solch tiefe und beständige Partnerschaft zu leben. Auf der anderen Seite weiß ich aber gleichzeitig, dass die wenigsten Menschen dies auch tatsächlich schaffen werden.

Dazu müssen wir uns nur einmal die offiziellen Scheidungsstatistiken ansehen. Wenn wir dann noch die unglücklichen, aber – aus welchen Gründen auch immer – bisher nicht geschiedenen Ehen dazunehmen und auch noch die, die ohne Trauschein zusammenlebten und wieder auseinandergingen, dann könnte man versucht sein, grundsätzlich von einem engen

Zusammenleben von Mann und Frau abzuraten. Zumindest rein statistisch gesehen bringt es wohl mehr Unglück als Glück.

Aber mit solchen Überlegungen würden wir es uns etwas zu leicht machen. Natürlich können wir immer und überall den Dingen aus dem Weg gehen, die eventuell schwierig werden könnten. Aber wenn wir dies tun, wenn wir so etwas zur Maxime unseres Handelns machen, verordnen wir uns gleichzeitig unseren persönlichen Stillstand. Wir nehmen uns selbst den Lernstoff, an dem wir wachsen könnten.

Die Probleme, die wir lösen, bringen uns weiter. Die Probleme, denen wir aus dem Weg gehen, lassen uns stillstehen.

Bevor wir also den letzten Schritt gehen und einer Trennung oder Scheidung ins Auge sehen – und ich bin überzeugt davon, dass viele Leser, die dieses Buch gekauft haben, vor solchen Überlegungen stehen –, sollten wir zumindest alles versuchen, das Problem zu lösen und damit auch daran zu wachsen.

Ich erlebe in meinen Beratungen und Therapien immer wieder Menschen, die schon mehrmals partnerschaftlich verbunden waren, sich dann wegen unlösbar scheinender Probleme trennten und nun mit einem anderen Partner erneut vor den annähernd gleichen Problemen stehen.

Es ist, als hätten sie aus den vorherigen Pleiten – und ein Auseinandergehen ist immer eine Pleite – nichts gelernt. Und tatsächlich: „Sie haben nichts gelernt.“ Sie haben sich dem Lernstoff verweigert, sie sind zu schnell davongelaufen.

Aber im System dieser Schöpfung Erde können wir uns einer Lernaufgabe nicht auf Dauer verweigern. Sie wird uns so lange erneut serviert, bis wir endlich verstanden haben, bis wir unsere Aufgabe endlich gelöst haben.

Nun bin ich damit nicht unbedingt ein Verfechter der traditionellen Formel „*Bis dass der Tod euch scheidet*".

Es hat keinen Sinn,
sich gegenseitig nur noch auszuhalten,
die Verbindung irgendwie durchzustehen,
sich gegenseitig zu blockieren,
sich zu verletzen, zu kränken,
zu hassen oder gar zu zerfetzen,
bis der Tod dann das Problem löst.

Der wird es in solchen Fällen ohnehin schneller als gedacht lösen, denn solch ungute Verbindungen sind absolute Krankmacher. In einem solch kranken Energiefeld zu leben bleibt für den Körper nicht ohne Folgen.

Eine solche Verbindung wäre vor allem auch absolut unwahrhaftig und so etwas kann auch Gott nicht wollen. In dem Fall wäre es besser, die Trennung oder Scheidung vor dem Tod zu vollziehen, denn dann hätten die Partner noch etwas davon, hätten noch einmal eine neue Chance.

Eine alte Dame wurde bei ihrer eisernen Hochzeit befragt, ob sie denn im Verlauf ihrer langen Ehe jemals an Scheidung gedacht habe. Ihre einfache Antwort: „*An Scheidung nie, aber an Mord.*"

Aber was sind bei unseren Betrachtungen nun die interessanteren Beispiele für uns? Die Beispiele, in denen zwei Partner es geschafft haben, oder die Beispiele, in denen das Ziel nicht erreicht wurde? Woraus können wir mehr lernen?

Bitte Vorsicht mit der Antwort! Spontan könnte man der Meinung sein, dass wir doch am meisten von denen lernen können, die es geschafft haben. An denen können wir doch sehen, wie es geht, und es dann ebenso machen. Verzeihung, wenn ich Sie mit meiner Antwort enttäuschen sollte.

Nichts können wir im Bereich einer Partnerschaft so machen, wie andere es gemacht haben. Jeder Mensch ist ein absolutes Unikat. Es hat ihn vorher noch nie so gegeben und es wird ihn auch in Zukunft nie mehr so geben.

Wenn also zwei dieser Unikate das, was ich als Idealvorstellung der meisten Menschen eingangs aufgezeichnet habe, tatsächlich erreicht haben, dann heißt dies nicht, dass zwei völlig andere Unikate dies mit denselben Mitteln auch erreichen könnten. Dass sie einfach das nachmachen könnten, was andere gemacht haben.

Trotzdem gibt es gewisse Grundregeln, mit denen man so etwas wie eine solide Erfolgsbasis schaffen kann. Auf diese Grundregeln werden wir noch zurückkommen. Der Rest ist immer von der recht unterschiedlichen Persönlichkeitsstruktur der Partner abhängig. Was dem einen sehr leicht fällt, kann dem anderen äußerst schwer fallen, ja sogar als unüberwindbar erscheinen.

Es kommt auf die Programmierungen und Konditionierungen an, denen jeder Mensch von Kindesbeinen an unterworfen war.

Was haben wir gelernt?
Was hat man uns vorgelebt?
Zu welchen Wahrheiten über die Welt,
über unser Umfeld,
über das andere Geschlecht
und auch über uns selbst
sind wir mit der Zeit gekommen?

Dies ist das Fundament, auf dem wir uns bewegen, auf dem wir denken, handeln und fühlen. Wenn diese Basis mit der Basis eines möglichen Partners weitgehend übereinstimmt, ist damit zumindest etwas weniger Konfliktstoff gegeben. Mehr leider nicht!

Ob schon allein wegen dieser Übereinstimmung eine glückliche Partnerschaft entstehen kann, steht auf einem ganz anderen Blatt. Auch zwei Alkoholiker oder zwei Depressive verstehen sich ja irgendwie – aber reicht das? Wohl kaum!

In einigen schlauen Partnerschafts-Ratgebern habe ich z.B. gelesen, dass die Voraussetzung zur Liebe und auch zu einer erfolgreichen Partnerbeziehung darin besteht, sich selbst zu lieben.

Wunderbar, aber wie mache ich das, wenn ich z.B. erfahren habe, nichts wert zu sein, wenn ich immer nur Zurückweisung erlebt habe, wenn die eigene Wertlosigkeit inzwischen für mich zur beweisbaren Wahrheit geworden ist? Darüber konnte ich in diesen Ratgebern dann leider nichts erfahren.

Als ich das Manuskript zu meinem Buch „Die Angst ist ein seltsamer Vogel“ abgeschlossen hatte und zum Postversand an den Verlag fertig machte, stellte mir meine Frau die Frage, ob ich denn jetzt noch ein weiteres Buch schreiben würde und vielleicht auch schon wisse, worüber. Wahrheitsgemäß antwortete ich ihr, dass es mir ein Bedürfnis sei, mich nunmehr mit dem Thema Partnerschaft zu beschäftigen. Das erstaunte „Du?“, das sie daraufhin ungläubig ausstieß, ließ keinen Zweifel daran offen, dass sie mich wohl für dieses Thema weniger geeignet hielt.

Sie sehen, mir geht es nicht viel anders, als es wohl den meisten Menschen in einer Partnerschaft geht. Die ideale Partnerschaft, in der jeder Partner dem anderen höchste Kompetenz auf diesem Gebiet zugesteht, gibt es wohl kaum. Zumindest nicht auf Dauer, wenn wir den Augenblick des Verliebtseins, der ja bekanntlich blind machen soll, einmal als Ausnahmezustand betrachten.

Eine erfolgreiche und lebenslange Partnerschaft zwischen zwei Menschen aufzubauen ist das absolut Schwierigste, was wir uns in unserem Leben vornehmen können. Ausgerechnet für dieses schwierigste Unterfangen werden wir am unzureichendsten vorbereitet.

Das gilt übrigens auch fürs Kinderkriegen. Wir brauchen dazu weder irgendeinen Abschluss, eine Qualifikation noch sonst etwas, obwohl wir doch kein Mofa, das mehr als 25 km/h schnell ist, ohne Nachweis unserer Fahrtüchtigkeit und entsprechender Regelkenntnis des Straßenverkehrs in Bewegung setzen dürfen.

Aber lassen wir uns nicht entmutigen und machen wir uns an die Arbeit. Wir können die Welt nicht ändern, wir können nur uns ändern.

Die juristische Betrachtung

In einem Streit wurde Winston Churchill von einer Dame mit folgenden Worten angegriffen: „Wenn Sie mein Mann wären, würde ich Ihnen Gift geben." Churchill soll geantwortet haben: „Wenn ich Ihr Mann wäre, würde ich es nehmen."

Nun, einvernehmliche Trennungen laufen heutzutage etwas anders ab, ob humaner, sei zunächst einmal dahingestellt. Ein sogenannter „einvernehmlicher Scheidungstermin" dauert in der Regel 5 bis 10 Minuten, was gerade „glücklich" Geschiedene oft zu dem Ausruf verleitet: „Das ging ja schneller als heiraten." Unter Abzug der Vorbereitungszeit, versteht sich.

Glücklich geschieden? Gibt es so etwas überhaupt? Ist jemand wirklich glücklich bei einer Trennung? Wird nicht bei einer Scheidung das Ende eines Traumes besiegelt? Schließlich hat man doch einmal geträumt, auch wenn dann nicht mehr als ein Albtraum daraus wurde.

Der Jurist sagt: „Es kommt darauf an." Aber auf was kommt es an? Es gibt sie, die Scheidungen, bei denen beide Parteien glücklich lachen, wenn die Trennung nicht nur abgewickelt, sondern gelungen ist. Aber die überwiegende Mehrzahl sieht sich nach einer Scheidung nicht einmal mehr in der Lage, einen Kaffee miteinander zu trinken. Auf dem Papier ist die Scheidung dann zwar endgültig vollzogen, aber verdaut ist sie damit noch lange nicht.

In einem Scheidungstermin werden wir noch einmal konfrontiert, nicht nur mit den Fehlern des anderen, auch mit unserem eigenen Verhalten. Allerdings nicht vor dem Richter. Das enttäuscht viele, gerade die, die sich betrogen fühlen. Das sachliche Ritual des Abfragens der scheidungsrelevanten Fakten – Seit wann leben Sie getrennt, halten Sie die Ehe für gescheitert, gibt es noch etwas zu regeln? – wirkt absolut ernüchternd. Viele wollen beim Scheiden, dass der andere vor Gott und der Welt als *der Schuldige dasteht – Fehlanzeige! Die Gründe interessieren nicht – kein Richter weint mit, kein Richter wird zum Racheengel!*

So ist das Zerrüttungsprinzip. Angeblich soll damit vermieden werden, dass vor Gericht schmutzige Wäsche gewaschen wird. Der Schönheitsfehler ist nur, dass es dafür reichlich Gelegenheit auf den Nebenkriegsschauplätzen wie Unterhalt, Zugewinn, Sorgerecht, Umgangsrecht usw. gibt.

Es gibt einvernehmliche und streitige Scheidungen, aber lassen wir uns von solchen Begriffen nicht irreleiten. Bei den so genannten „einvernehmlichen" Scheidungen streitet man nur nicht ganz so heftig wie bei einer „streitigen" Scheidung. Die Übergänge sind fließend, einvernehmlich ist nicht immer einvernehmlich.

In der Regel kann eine Scheidung erst nach einem Trennungsjahr ausgesprochen werden. Dies soll dazu führen, dass man sich seinen Entschluss noch einmal überlegt und nicht allzu übereilt handelt. Hehre Gesetzesvorlage, aber wie sieht die Praxis aus? Da überlegen die wenigsten, ob sie sich nun wirklich scheiden lassen wollen. Da wird eher überlegt, wie man das Trennungsjahr zurückdatieren kann, um schneller geschieden zu werden.

Oder es werden mit Gewalt neue Familien geschmiedet. Kinder werden ohne große Vorbereitung dem neuen Partner vorgestellt und sollen diesen sogleich als Ersatzelternteil akzeptieren. Nur schnell wieder eine heile Welt, und der ungeliebte Ehepartner soll sich trollen. Möglichst ohne Ansprüche, Geld darf er natürlich abgeben.

Bei einer Scheidung lösen wir nicht nur alles Gemeinsame auf, wir lösen uns auch voneinander – zumindest physisch. Lösen wir aber damit auch unsere Probleme?

Ich erinnere mich eines Mandanten, der mich mit seiner zweiten Scheidung beauftragte. Kurz danach sandte er mir seine erste von ihm geschiedene Ehefrau, ebenfalls zwecks Scheidung Nr. 2. Aber damit war der Gleichklang noch nicht zu Ende. Ehemann Nr. 2 der Ehefrau Nr. 1 hätte problemlos als Zwillingsbruder von Ex-Ehemann Nr. 1 durchgehen können. Und wahrlich nicht nur äußerlich.

Ein weiteres Phänomen: Erhält man ein Scheidungsmandat, ist man zunächst geneigt zu denken, den guten Part erwischt zu haben. Den Gegner oder die Gegnerin kennt man nur aus Schilderungen, die den Eindruck erwecken, dass er oder sie die allein Schuldige ist. Und im Scheidungstermin? Da stellt man dann in der Regel fest: Die haben aber gut zusammengepasst, die sind einander ja jetzt noch ähnlich.

Der Anwalt ist bei Scheidungsfällen oft so etwas wie ein Ersatztherapeut. Nur, dazu ist er nicht ausgebildet. Die seelische Not, die hinter der Trennungsabsicht stehenden Probleme kann ein Anwalt schlecht bis gar nicht abfangen. Und so übersetzt der Anwalt die persönlichen Probleme vor Gericht lediglich in Ansprüche.

Egal, welchen Unterhaltsanspruch, egal, welchen Zugewinnanspruch, Umgangs- oder Sorgerechtsanspruch – man erstreitet oder wehrt ab. Es passt selten für alle.

Einer verliert offiziell, in Wirklichkeit verlieren alle.

Dennoch lassen wir über den Anwalt eine Spirale von Ansprüchen in die Welt setzen, was zwangsläufig eine Anspruchsgegenspirale provoziert. Den weiteren Verlauf bestimmt dann die vorsorglich angelegte Verteidigungsstrategie, Lebensqualität bleibt dabei meist auf der Strecke.

Sowohl Gesetz als auch die beste und raffinierteste Scheidungsregelung sind selten geeignet, persönliche Probleme befriedigend zu lösen oder gar beim Trennungsschmerz zu helfen.

Sie kompensieren vielleicht, helfen Rachegelüste zu befriedigen, aber was wir suchen, den Seelenfrieden, gibt das Gesetz nicht her. Oftmals ist es sogar mehr Unruhestifter als Befriediger, in der Regel das falsche Mittel für unser Ziel, und wir geben zu allem Überfluss die Verantwortung für das weitere Geschehen an den Garderoben der Kanzleien und Gerichte ab.

Die Trennung ist aber auch eine Gelegenheit, Verantwortung zu übernehmen, nicht nur für beteiligte Kinder, sondern auch für sich selbst und den Partner. Der Partner kann nicht einfach im Wertstoffhof entsorgt werden, schwups in die Tonne und weg ist er. Er ist noch da – mit oder ohne finanzielle Ansprüche. Solange man sich über den Partner ärgert, so lange berührt er noch etwas, was nicht gelöst wurde und dringend angesehen werden sollte.

Erst dann können Weichen für etwas wirklich Neues gestellt werden. Aber sehr oft werden stattdessen die gleichen Fehler wiederholt. Wenn man seine Baugrube nicht richtig ansieht, wenn man darüber eine Plane legt, darüber dann ein bisschen Erde verteilt, so dass es oberflächlich wie unversehrter Boden erscheint, dann hat man sich damit lediglich eine Fallgrube gebaut, in die man selbst hineintapsen wird. Vor lauter Vertuschen haben wir ganz vergessen, wo das Loch war.

Wie können wir das ändern? Nun, sicher nicht mit der juristischen Keule. Kein Richter kann das richten. Nur wir selbst können ein neues, tragfähiges Fundament schaffen, und zwar in uns selbst, wie innen, so außen.

Sie haben Verantwortung für Ihre Kinder und müssen für diese streiten? Wie altruistisch! Ob Ihnen Ihre Kinder dies einmal danken?

Oder werden Sie beispielsweise später einmal hören: „Du hast Papi kaputt gemacht, du hast meine Beziehung zu ihm kaputt gemacht!" Irgendwann werden Ihre Kinder selbständig denken, und wenn sie dies tun, wird es nicht dasselbe Denken sein, das sie jetzt haben. Wenn Sie also Verantwortung übernehmen wollen, werden Sie sich bitte zunächst einmal klar darüber, ob unter dem Deckmantel der Verantwortung nicht etwas ganz anderes schlummert.

Machen wir uns an die Arbeit, entdecken wir, was wir wirklich wollen, und entdecken wir auch, wie wir dies umsetzen können. Dazu brauchen wir ein wenig Distanz – und vergessen wir dabei auch nicht, was Liebe ist.

2

Was ist das eigentlich: „Liebe“?

Ich liebe dich!

Wer hört es nicht gerne, wenn ihm so etwas gesagt wird? Wer möchte nicht geliebt werden, wer möchte nicht gemocht und anerkannt, ja vielleicht sogar verehrt werden? Aber Vorsicht, zwischen lieben, mögen, anerkennen, verehren usw. gibt es ganz beträchtliche Unterschiede. Nicht alles, was nach Liebe aussieht, nicht alles, was so genannt oder dafür gehalten wird, ist auch tatsächlich Liebe.

Was ist dann aber z.B. jenes unerklärbare Gefühl, das sich einem anderen Menschen gegenüber in uns entwickelt oder uns auch ganz spontan überfallen kann, die so genannte „Liebe auf den ersten Blick“, die wie ein Blitz zwischen zwei Menschen einschlägt?

Warum lieben wir einen bestimmten Menschen und einen anderen dagegen nicht, obwohl wir diesen anderen Menschen doch auch irgendwie mögen und nichts gegen ihn sagen könnten?

Versuchen wir einmal, dem an sich Unerklärbaren in einer Art Ausschlussverfahren etwas näher zu kommen. Dieses Verfahren bringt uns wahrscheinlich schneller und einfacher zu den gesuchten Erkenntnissen.

Wenn wir sagen können,
„warum" wir jemanden lieben,
dann lieben wir ihn nicht.

Wir lieben dann das „Warum", und wenn das „Warum" dann eines Tages wegfällt, fällt auch unsere Liebe weg.

Das muss ich sicher etwas näher erklären: Wenn ich den Franz oder die Erna liebe, weil er oder sie immer so gut aufgelegt ist, weil er oder sie immer Verständnis für alles hat, so toll aussieht oder was auch immer, dann gerät meine Liebe spätestens dann in Gefahr, wenn Franz oder Erna nicht mehr so gut aufgelegt ist, kein Verständnis mehr hat oder nicht mehr so toll aussieht. Meine Liebe galt eigentlich gar nicht ihm oder ihr, sondern lediglich bestimmten Eigenschaften. Ich hoffe, dem können Sie grundsätzlich zustimmen.

Da nun aber der Mensch in seiner Entwicklung niemals stillsteht, da sich seine Sicht der Dinge, seine Verhaltensstrukturen und damit auch seine Eigenschaften im Verlauf seines Lebens mehr oder weniger deutlich verändern, ist eine Enttäuschung oder ein „Nicht-mehr-Verstehen" bei demjenigen, der bestimmte Eigenschaften geliebt hat, wie vorprogrammiert. Irritiert äußert er vermutlich: *„Der oder die war doch früher ganz anders!"*

Ja, natürlich war der oder die früher ganz anders. Es wäre sogar mehr als bedenklich, wenn sie heute noch so wären, wie sie früher einmal waren. Sie hätten sich nicht weiterentwickelt, sie wären auf der Stelle stehengeblieben.

Beruhigend ist dabei zu wissen, dass sich die Grundstruktur, das Fundament eines Menschen, aber nur äußerst selten ändert. Aus einer grundehrlichen Haut wird nicht plötzlich ein professioneller Betrüger oder umgekehrt.

Ebenso kritisch wird es in Bezug auf die dauernden Veränderungen innerhalb eines menschlichen Lebens, wenn ich z.B. sage, dass ich jemanden liebe, weil er mir eine so große Hilfe in meinem Leben ist, weil er immer da ist, wenn ich ihn brauche, oder dergleichen.

In dem Fall liebe ich den Nutzen, den ich von ihm habe, und wenn dann der Nutzen ausbleibt, weil der oder die so Geliebte vielleicht nicht mehr helfen kann, ja, vielleicht nunmehr sogar selber Hilfe braucht, bleibt in der Regel auch das aus, was fälschlicherweise als Liebe bezeichnet wurde.

Auch eine Ziege kann ich lieben, weil sie mir Milch gibt. Aber liebe ich dann wirklich die Ziege oder liebe ich die Milch, die sie mir gibt? Der oder die Geliebte als Nutztier.

Würde ich die Ziege auch dann noch lieben, wenn sie mir keine Milch mehr gäbe, eine also jedenfalls in dieser Hinsicht völlig nutzlose Ziege, ja, dann wäre es tatsächlich so etwas wie Liebe. Wenn ich aber überlege, dass es nun an der Zeit wäre, sie zu schlachten, weil sie sowieso keine Milch mehr gibt, dann war es eben nur der Nutzen, den ich geliebt habe.

Wenn wir auf der menschlichen Ebene einen entsprechenden Vergleich suchen, müssen wir nur einmal feststellen, wie viele Freunde wir hatten, als es uns gut ging und wir allen helfen konnten, und wie viele Freunde dann übrig blieben, als es uns selbst einmal schlecht ging.

Gehen wir noch einen Schritt weiter: „Wenn du mich liebst, dann liebe ich dich auch!“ „Wenn du mich nicht mehr magst, dann mag ich dich auch nicht mehr.“ Das sind sicher die fadenscheinigsten Begründungen einer Liebe oder Nichtliebe. Dies hat mit Liebe rein gar nichts zu tun. Dies ist nichts anderes als ein klassisches Gegengeschäft. So etwas lernt man auf der Handelsschule.

Wirkliche Liebe will nichts für sich selbst! Wirkliche Liebe ist an keine Bedingungen gebunden.

Theoretisch müsste ich jemanden lieben können, ohne dass der- oder diejenige es überhaupt weiß oder meine Liebe gar erwidern müsste. Ich liebe, weil ich liebe, ich weiß kein Warum und ich erwarte auch nichts dafür. Das ist Liebe!

Auch Gott liebt uns, ohne etwas dafür zu erwarten. Er liebt uns sogar dann noch, wenn wir ihn verleugnen und ablehnen. Von unserer Gegenliebe ist er völlig unabhängig. Aber um dies wirklich verstehen zu können, müssen wir unsere Vorstellung von Gott etwas revidieren und die Begrenzungen der Religionen überwinden. In meinem Buch „Der individuelle Weg zu Gott“ habe ich mich mit dieser Thematik ausführlich beschäftigt und möchte deshalb hier nicht näher darauf eingehen.

Wir sind begrenzte Menschen und werden den Grad der reinen, göttlichen Liebe wohl kaum erreichen. Trotzdem, so etwas Ähnliches können wir auch auf unserer menschlichen Ebene praktizieren und ich hoffe, Sie sind einverstanden, wenn ich das, was ich hier sage, mit einigen Beispielen aus meiner täglichen Praxis verdeutliche.

Ich hatte einen etwa fünfundvierzigjährigen Mann in meiner Praxis, der mir verzweifelt über seine „unmögliche Frau“, wie er es ausdrückte, berichtete:

Sie koche ihm nichts, und wenn sie ausnahmsweise einmal etwas zusammenbraue, sei es ungenießbar. Die gemeinsame Wohnung sei mehr oder weniger verdreckt und verschlampt und sie selbst sehe nicht viel anders aus. Auch sexuell sei sie völlig uninteressiert, das Geld gebe sie dagegen mit vollen Händen aus und werde immer unberechenbarer.

Da sich dies schon seit Jahren ständig in diese Richtung entwickelt hatte, riet ich ihm zunächst einmal zu einer räumlichen Trennung, damit seiner Frau der Wert ihrer Verbindung dadurch vielleicht etwas bewusster würde, was er aber vehement ablehnte: *Das könne er nicht – er liebe sie nun einmal.*

Sicher ein extremes Beispiel und einige werden sagen, dass so etwas schon hart an der Grenze zur Hörigkeit liege. Mag sein, dass dies ein Grenzfall ist, aber auf der anderen Seite zeigt es sehr deutlich, was Liebe so alles aushalten kann, wobei ich nicht davon ausgehe, dass es der Sinn einer Liebe oder Partnerschaft sein könnte, sie auszuhalten. Das wäre mir etwas zu wenig und Ihnen sicher auch. Und trotzdem gibt es die Konstellationen, in denen einfach nur noch ausgehalten wird, weitaus häufiger, als wir uns das vorstellen können.

Nun ein Beispiel in eine etwas andere Richtung: Eine Dame berichtete mir, dass sie ihren Mann nicht mehr lieben und anfassen könne, seitdem sie wisse, dass er es mit einer anderen Frau getrieben habe, wie sie sich ausdrückte. Diese Vorstellung, die sich ihr jede Nacht bildhaft aufdränge, lasse alles in ihr erfrieren.

Was hier erfror, war ein verletztes Ego, war ein verletzter „Mein-Anspruch". „Wer hat von meinem Tellerchen gegessen, wer hat in meinem Bettchen geschlafen?"

„Mein Mann" oder „meine Frau" sind nicht mein, wir werden darüber noch ausführlicher reden. Die Leibeigenschaft ist aufgehoben, aber einige haben dies bislang noch nicht wahrgenommen. Der Mann, von dem sie sagte, dass sie ihn vorher geliebt habe, war ja auch nach seinem Fehltritt, Ausrutscher, Seitensprung oder wie immer wir es nennen wollen, derselbe. Die andere Frau hatte absolut nichts weggenommen oder hinzugefügt.

Nun hätte sie ihn ja meinetwegen einseifen, in einem Desinfektionsmittel baden und mit der Wurzelbürste abschrubben können, um alle Spuren zu beseitigen, aber die Verletzungen, die sie erfrieren ließen, lagen ja nicht im Äußeren und waren damit auch für eine Wurzelbürste nicht erreichbar.

Wenn ich einen Menschen wirklich liebe, will ich ausschließlich „sein“ Bestes, nicht mein Bestes.

Wenn ich einen Menschen wirklich liebe, hält eine solche Liebe auch eine Situation, wie ich sie hier geschildert habe, aus. Aber Vorsicht, dies soll kein Freibrief zum Seitensprung oder gar zum Ausprobieren einer Liebe sein und gilt gleichermaßen für Männlein wie Weiblein.

Wir haben kein Recht, einen anderen Menschen zu verletzen, auch dann nicht, wenn er uns liebt und wir seine Liebe nicht in gleicher Weise erwidern können oder wollen.

In der Partnerschaft der beiden war offensichtlich schon vor dem Seitensprung etwas nicht ganz in Ordnung, sonst hätte sie nicht so reagiert und er wäre zu diesem Seitensprung gar nicht erst fähig gewesen. Lassen Sie mich dies einmal als Mann sagen:

Wenn ich eine Frau wirklich liebe, könnte man mich mit der aktuellen Miss World für acht Tage und Nächte in ein Bett sperren, ich würde mich weder anrühren lassen noch selber eine Annäherung versuchen und jede Gelegenheit zur Flucht nutzen, um zur geliebten Frau zu kommen. Manche würden mich deshalb allerdings für einen Vollidioten halten. Wer´s mag!

Ich kenne natürlich alle Ausreden der Männerwelt und habe selbst in meiner Sturm- und Drangperiode davon Gebrauch gemacht: Ein Mann sei nun einmal ein Jäger, könne durchaus mit einer anderen Frau schlafen und gleichzeitig seine eigene Frau lieben. Dies habe nichts miteinander zu tun, wird immer wieder gerne betont. Dies sei ein Stück männlicher Selbstbestätigung.

Eine recht hohle Art der Selbstbestätigung, die mit Männlichkeit rein gar nichts zu tun hat und spätestens dann zusammenbricht, wenn eine Frau dasselbe Recht für sich in Anspruch nehmen sollte.

Trotz allem Gerede von Gleichberechtigung wird hier leider immer noch mit zweierlei Maß gemessen. Wenn Mann und Frau dasselbe tun, ist es noch lange nicht dasselbe, und das ist nicht nur im Berufsleben so.

Nun werden die wenigsten Paare jene tiefe Liebe erreichen, die so vieles überstehen lässt – oder die Scheidungsraten wären nicht so hoch. Wir dürfen uns da nichts vormachen. Sollte man also vorsichtshalber eine feste Verbindung gar nicht erst eingehen? Man kann doch heute auch ohne Trauschein zusammenleben und dann ohne größere Probleme auch wieder auseinandergehen, wenn es nicht funktionieren sollte. Wie denken Sie darüber?

Ich denke, dass eine Partnerschaft die wunderbare Chance bedeutet, jeden der beiden Partner ein Stück weiterzubringen, die für jeden der Partner eine großartige Lernaufgabe bedeutet, deren Lösung beide Partner ein Stück reifer und weiser werden lässt. (Wenn sie nicht vorher weglaufen!)

Wir haben schon eingangs darüber gesprochen. Wenn wir die Chance zur persönlichen Weiterentwicklung als tieferen Sinn einer Partnerschaft oder Lebensgemeinschaft sehen, kann sie sogar auf recht unterschiedlichen Fundamenten ruhen. Es muss nicht immer und ausschließlich die ganz große Liebe sein, kann sich aber durchaus dahin entwickeln.

Der Lernprozess, der mit jeder Partnerschaft verbunden ist, ist nicht ganz ohne Blessuren und auch nicht ganz ohne schmerzhafte Erfahrungen zu bewältigen, was übrigens für fast alle Lernprozesse gilt.

Wenn es aber durch Unverbindlichkeit und problemlose Lösbarkeit einer Verbindung allzu leicht wird, sich solchen Blessuren und schmerzhaften Erfahrungen zu entziehen, schleichen wir uns damit aus einem wichtigen Stück unserer eigenen Entwicklung.

Der oder die nächste und übernächste Partner oder Partnerin werden gesucht, und wenn es dann auch da etwas enger wird, gehen wir wieder laufen und suchen und suchen und suchen. *Wir haben halt die Richtige oder den Richtigen noch nicht gefunden.* Sehen Sie, auch dazu haben wir dann eine plausible Erklärung.

Ich möchte Sie an dieser Stelle mit einem kurzen Ausschnitt aus einer Betrachtung des libanesischen Weisen Khalil Gibran bekannt machen. Sie ist dem kleinen Büchlein „Der Prophet“ entnommen, das im Patmos Verlag erschienen ist und dessen Lektüre ich unbedingt empfehlen kann.

Quellenangabe: Khalil Gibran, Werk: „Der Prophet“ (Von der Liebe)

© Patmos Verlag GmbH & Co. KG, Düsseldorf

Von der Liebe

Da sagte Almitra: Sprich uns von der Liebe.

Und er hob den Kopf und sah auf die Menschen, und es kam eine Stille über sie. Und mit lauter Stimme sagte er:

Wenn die Liebe dir winkt, folge ihr, sind ihre Wege auch schwer und steil.

Und wenn ihre Flügel dich umhüllen, gib dich ihr hin.

Auch wenn das unterm Gefieder versteckte Schwert dich verwunden kann.

Und wenn sie zu dir spricht, glaube an sie.

Auch wenn ihre Stimme deine Träume zerschmettern kann wie der Nordwind den Garten verwüstet.

Denn so, wie die Liebe dich krönt, kreuzigt sie dich.

So, wie sie dich wachsen lässt, beschneidet sie dich.

So, wie sie emporsteigt zu den Höhen und die zarten Zweige liebkost, die in der Sonne zittern, steigt sie hinab zu deinen Wurzeln und erschüttert sie in ihrer Erdgebundenheit.

Wie Korngaben sammelt sie dich um sich.

Sie drischt dich, um dich nackt zu machen.

Sie siebt dich, um dich von deiner Spreu zu befreien.

Sie mahlt dich, bis du weiß bist;

Sie knetet dich, bis du geschmeidig bist.

Und dann weiht sie dich ihrem heiligen Feuer, damit du heiliges Brot wirst für Gottes heiliges Mahl.

All dies wird die Liebe mit dir machen, damit du die Geheimnisse deines Herzens kennen lernst und in diesem Wissen ein Teil vom Herzen des Lebens wirst.

Ich glaube, treffender und größer kann man nicht ausdrücken, was Liebe ist und was sie in einem Menschen bewirkt. Mit Verliebtsein, mit Liebelei oder Mögen hat dies wahrlich nichts zu tun.

Liebe kennt keine Halbheiten, Liebe ist keine vorübergehende Laune der Natur. Liebe hat auch nichts mit unserem Geschlechtstrieb zu tun, kann und darf sich aber auch darin ebenso ausdrücken und sogar vervollkommnen, wie sie sich in allen Dingen ausdrücken und sie vollkommen machen kann.

Weiter sagt Khalil Gibran:

Wenn du in deiner Angst nur die Ruhe und die Lust der Liebe suchst, dann ist es besser für dich, deine Nacktheit zu bedecken und vom Dreschboden der Liebe zu gehen in die Welt ohne Jahreszeiten, wo du lachen wirst, aber nicht dein ganzes Lachen, und weinen, aber nicht all deine Tränen.

Liebe gibt nichts als sich selbst und nimmt nichts als von sich selbst.

Liebe besitzt nicht, noch lässt sie sich besitzen; denn Liebe genügt der Liebe.

Wenn wir nun einmal unsere eigene Partnerschaft oder auch ganz generell unsere Beziehungen zu anderen Menschen einer kritischen Betrachtung unterziehen, dann werden wir die unterschiedlichsten Schattierungen feststellen können, die von der reinen Liebe bis hin zur eingefahrenen Gewohnheit reichen.

Vielleicht können wir die unterschiedlichsten Grade zwischenmenschlicher Beziehungen sogar einmal in Form eines Punktesystems darstellen. Versuchen wir es einfach.

10 – Reine und bedingungslose göttliche Liebe

9 – Bedingungslose Liebe auf der menschlichen Ebene

8 – Liebe mit Erwartung – mach mich glücklich!

7 – Liebe als Gegengeschäft – wenn du, dann ich ...

6 – Liebe mit dem Besitzanspruch „mein"

5 – Liebe mit betont sexuellem Hintergrund

4 – Anziehende Sympathie – Fröhlichkeit usw.

3 – Mögen, weil ... Der eigene Nutzen

2 – Verbundenheit aus Gewohnheit

1 – Neutrale Haltung – Mehr Geschäftspartner

0 – Antipathie, Ablehnung, Verweigerung

Nichts Menschliches ist vollkommen, so kann es auch diese Aufzählung nicht sein, aber sie gibt doch so etwas wie eine grobe Orientierung und Standortbestimmung. Alle Grenzen sind fließend und einige Punkte können durchaus ineinandergreifen.

Auch dürfen wir den Einfluss der Zeit nicht außer Acht lassen. Eine anfängliche Sympathie kann sich durchaus zur Liebe entwickeln, und von dem, was man spontan als Liebe empfunden hat, kann irgendwann nur noch Sympathie übrig bleiben.

Dass Liebe sogar in Hass umschlagen kann, ist allgemein bekannt. Allerdings kann es sich dabei nicht um jene Liebe gehandelt haben, wie wir sie unter Punkt 9 genannt haben. In der Regel wurde bei einer solchen Wandlung eine Erwartung nicht erfüllt, ein Gegengeschäft nicht eingehalten oder ein Meinanspruch verletzt.

Übrigens, Liebe und Hass sind lediglich die extremen Enden ein und derselben Sache, die wir – zwar etwas ungenau – als „zwischenmenschliche Beziehung“ bezeichnen könnten.

Die gesamte Schöpfung Erde ist im System der Polarität angelegt. Alles hat zwei Pole: hoch – tief, schnell – langsam, laut – leise, gut – böse, weit – nah, hell – dunkel usw. usw. Kein Begriff existiert aus sich selbst heraus. Jeder Begriff wird erst durch seinen Gegenpol für uns verstehbar. Würden wir z.B. Dunkelheit nicht kennen, wäre immer und überall nur das gleiche Licht, hätten wir für dieses Licht mit Sicherheit keinerlei Begriff. Es wäre einfach so.

Stellen Sie sich vor, dass wir eine zehn Meter lange Eisenstange auf der einen Seite bis zur Rotglut erhitzen und auf der anderen Seite in die tiefsten Minusgrade abkühlen. Dann haben wir eine sehr heiße und eine sehr kalte Seite. Aber beide Seiten sind lediglich die extremen Enden ein und derselben Sache – unserer Eisenstange. Mit der Polarität von Liebe und Hass ist dies nicht viel anders.

Die juristische Betrachtung

Polarität auf literarisch, und zwar nach Oscar Wilde:

In dieser Welt gibt es nur zwei Tragödien. Die eine ist: Man bekommt nicht, was man will. Die andere: Man bekommt es!

Mein erster Scheidungskandidat kam mit seiner Schwiegermutter in die Beratung. Seine Frau hatte ihn betrogen. Das fand auch die Schwiegermutter nicht so gut.

Der zweite Scheidungskandidat stritt sich mit seiner Noch-Frau um Gummistiefel, Werkzeug, Trainingshosen usw.. Er stellte mit verkniffener Miene die Forderung: „Machen Sie sie „ferttich“, die Hexe!“

In den nächsten Scheidungen mauerte ein Ehepaar den Aufgang des Hobbyraumes zum Erdgeschoss zu, damit es ja zu keiner feindlichen Begegnung kam, ein Kandidat säbelte mit dem Messer fein säuberlich die Plastikhaken von den Badezimmerwänden, um sie gerecht aufzuteilen, bei einem Kollegen stattete eine Frau den Teddybären des Kindes mit einem Aufnahmegerät aus, um die Umgangstermine abhören zu können. Fortsetzungsbeispiele folgen sicher noch.

Wie ist das mit der Haltbarkeit von Liebe oder vielmehr von dem, was wir für Liebe halten? Hält nicht manchmal ein tiefgefrorenes Fertiggericht länger?

Nun, anstatt über Ersteres nachzudenken, versuchen wir stattdessen erst die Haltbarkeit abzusichern, mit der Ehe, noch besser mit einem Ehevertrag, wobei letzterer oft gefühlter Startschuss zur Scheidung ist, sozusagen die Garantie einer Mindesthaltbarkeit, mehr aber auch nicht.

In einer Ehevertragsberatung kam sich ein Paar derart in die Haare, dass ich nicht wirklich verstanden habe, warum die Hochzeit nicht auf der Stelle abgesagt wurde.

Die – männliche – Vorgabe für den Scheidungsfall: Du verzichtest auf alles, in jedem Fall, also auch, wenn Kinder da sind (Entwarnung, geht nicht wirklich, wird aber trotzdem immer noch oft gefordert), bzw. die Überlegung: Wenn ich dann schon Unterhalt zahlen muss, dann zahle ich nur bis Zeitpunkt X und auch nur bis zu einer bestimmten Höhe – zeugt von „echter" Liebe. Da wurde ganz offensichtlich was verwechselt. Die Ehe als Hotelversorgung mit eingebauter Gebärmaschine zum Nulltarif?

Es gibt selbstverständlich auch die umgekehrten Fälle. Schnell ein Kind und meine Versorgung ist sicher, der Mann als Finanzier, der außer Geld abliefern nichts darf, außer noch seinen Mund halten.

Was verwechseln wir nicht alles mit Liebe! Trennungswünsche werden häufig damit begründet, dass sich der andere geändert hat, man selbst zu kurz gekommen ist, Wünsche nicht erfüllt wurden, Erwartungen nicht entsprochen wurde. Schnitt. Gefühl gestorben bzw. einfach mal schnell den Schalter umgelegt in Gefühle von Abneigung und Hass.

Als Scheidungsanwalt kann man überzeugt sagen, Liebe sei das größte Missverständnis auf Erden. Natürlich ist da am Anfang irgendwo ein Gefühl, der oder die müsse es sein, aber wenn man sich das Ende ansieht, besonders die Art und Weise des Endes – dann zweifelt man im Rückblick, dass das Liebe war. Da war die Liebe abhängig von der Rückliebe, vom Erfüllen der Ansprüche, von Äußerlichkeiten.

Keine Beziehungsform – Freundschaft, Ehe, nichteheliche Lebensgemeinschaft – schützt vor dem Auseinanderleben, weil eine Form sich dem Inhalt anpassen sollte und nicht umgekehrt.

Wir verwechseln Form mit Sicherheitsgarantie, verhalten uns aber wie bei einem Versicherungsvertrag, dessen Prämien wir nicht mehr bedienen. Ohne regelmäßige Beiträge ist die Versicherung weg, das muss schiefgehen. Wobei das Schiefgehen an sich noch nicht das Problem ist. Problem ist, dass wir das Schiefgehen als Problem sehen, selbst wenn wir die Trennung wollen, und sagen: So kann es nicht weitergehen, eine Entscheidung muss her.

Und dann wird in das Trennen eine Energie investiert, die, umgekehrt verwendet und eingesetzt, für ganze Heerscharen glücklich geführter Ehen reichen würde.

Der Aktionismus geht in Richtung Pfründe sichern, kompensiert oft so das Ignorieren der Gründe für das Auseinanderleben. So gesehen sind wir konsequent. Sichern ist immer das oberste Gebot. Und so stehen wir vor dem Scherbenhaufen und machen uns das Leben schwer und unerträglich, anstatt zu denken, auch ein Scherbenhaufen habe Existenzberechtigung.

Die Trennung darf sein, der Partner darf sein, vor allem wir dürfen sein, mit unserer Trauer, unserem Frust, unseren Ängsten und unserem Ärger. Es ist möglich, sich mit der Situation zu versöhnen. Und das Instrument hierzu ist Liebe, nicht in der romantisch verklärten, sondern in realisierbarer Form, wie Nächstenliebe und Selbstliebe.

Liebe beseitigt keine Probleme. Das ist vielleicht eines der grundlegendsten Missverständnisse. Probleme, Widrigkeiten, Ärger, Ängste, Neid, Eifersucht, Abhängigkeiten, alles bleibt, wie es ist oder anders, und wird vor allem immer da sein.

Liebe bewirkt, dass sich unsere Betrachtung und Bewertung ändern.

Betrachte ich meinen Partner mit Liebe, verzeihe ich ihm ein mir nicht verständliches Verhalten. Betrachte ich ihn hingegen mit den Augen der Trennung, kriege ich einen Vernichtungskoller.

Beim Lösen von Problemen vergessen wir meist die Liebe. Da sind wir dann ganz sachlich, nüchtern und gerecht und füreinander unerreichbar. Wir lösen uns so, wie wir uns verbunden haben, verfangen in eigenen Vorstellungen, wie es zu sein hat, und wir vergessen wieder, dass wir nicht allein sind, dass es nicht nur unsere Vorstellungen sind, die eine Rolle spielen. Auch zum Trennen gehören zwei, nicht nur zum Verbinden oder Scheitern.

3

Was ist ein tragfähiges Fundament für eine Partnerschaft?

Wenn jeder von zwei Partnern so sein kann, wie er ist, wenn jeder die Vorstellung von „seinem Leben" weitgehend verwirklichen kann und diese Vorstellung dann auch mit den Vorstellungen seines Partners übereinstimmt, dann ist dies ein absolut tragfähiges Fundament.

Wenn dagegen eine Partnerschaft nur dadurch möglich ist, dass beide Partner oder auch nur einer versucht, den Vorstellungen des anderen zu entsprechen, und seine eigene Vorstellung zurückstellt, dann ist dies auf Sicht kein tragfähiges Fundament.

Es ist allenfalls ein Fundament zur sicheren Ernährung von Scheidungsanwälten, Psychotherapeuten und Psychosomatikern. Ist Ihnen diese Erkenntnis zu einfach, dann denken Sie sich halt etwas Komplizierteres aus. Der Verkomplizierung dieses Themas sind keine Grenzen gesetzt. Mancher wird z.B. sofort reklamieren, dass in meiner Darstellung das Wort Liebe gar nicht vorkommt, obwohl wir doch gerade eben erst davon gesprochen haben.

Ja, so direkt kommt dieses Wort tatsächlich nicht vor, aber indirekt ist es mehr als deutlich enthalten, wenn Sie die Ausführungen des vorhergehenden Kapitels, in dem wir uns gefragt haben, was Liebe eigentlich ist, verinnerlicht haben.

Wenn ich einen Menschen liebe, dann will ich ihn nicht ändern, noch verlange ich von ihm, dass er sich ändert. Ich liebe ihn ja, weil er so ist, wie er ist, und will ausschließlich „sein" Bestes.

Wenn ich einen Menschen nur liebe, weil er meinen Vorstellungen folgt und sich anpasst, dann liebe ich ihn nicht wirklich und sollte mir besser einen Hund anschaffen, den ich nach meinen Vorstellungen abrichten kann.

„Ach, ich liebe meinen Hund ja so sehr, er macht wirklich alles, was ich ihm beigebracht habe, ist er nicht süß?"

So kann ich dann unbeschadet Herrchen oder Frauchen spielen. Natürlich immer nur so weit, wie es den Vorschriften des Tierschutzes nicht widerspricht. Der Menschenschutz ist zumindest in dieser Beziehung etwas lockerer.

Natürlich gehören zu jeder Art von Partnerschaft immer zwei. In unserem Fall einer, der fordert, und einer, der folgt, und dieses Folgen geschieht nicht selten sogar freiwillig. Hier sind dann meist tief verankerte Gefühle des eigenen Unwertseins, eines mangelnden Selbstbewusstseins oder auch ganz massive Ängste im Spiel.

Die Angst, verlassen zu werden, die Angst vor dem Alleinsein, die Angst vor finanziellen Verlusten, die Angst, ins Abseits zu geraten, den Freundeskreis zu verlieren, blamiert zu sein usw. lässt Menschen Dinge ertragen, die eigentlich unerträglich sind.

Nicht selten sind auch Kinder der Grund, eine Partnerschaft zu ertragen, aber damit möchte ich mich später eingehender beschäftigen.

Unerträglich ist der Zustand des Ertragens vor allem auch für den Körper, der früher oder später mit Krankheit reagiert, die dann aber wiederum als Schutzschild benutzt werden kann.

„Du wirst doch deine kranke Frau oder deinen kranken Mann jetzt nicht verlassen wollen!“

Auf allen Ebenen, auf denen vorher noch heftig gekämpft wurde, ist nun plötzlich Rücksicht angesagt. Völlig aussichtslos, eine solche Krankheit heilen oder deren Symptome auch nur lindern zu wollen. Bist du lieb zu mir, geht es mir besser, bist du nicht lieb zu mir, geht es mir sofort wieder schlechter. Das Unterbewusstsein wird den schützenden Zustand des Krankseins und die dadurch möglich werdenden Mechanismen der Manipulation niemals freiwillig hergeben.

In meinem Buch *„Die Angst ist ein seltsamer Vogel“* habe ich unter anderem deutlich gemacht, dass die Angst immer das anzieht, wovor wir Angst haben. Wir bereiten ihr sozusagen das Feld, auf dem sie sich dann austobt.

***Wenn Sie Angst haben,
Ihren Partner oder Ihre Partnerin
zu verlieren,
sind Sie bereits auf dem besten Weg,
ihn oder sie zu verlieren.***

Das klingt zunächst widersinnig, aber versuchen wir einmal folgende Überlegung: Aus Angst vor dem Verlust des Partners oder der Partnerin versuchen wir in der Regel, deren Vorstellungen und Erwartungen immer mehr zu entsprechen, um nur ja nicht anzuecken und keinen Anlass zu

Alleingängen, zu Streit oder gar zu einer Trennung zu geben. Aber genau dadurch werden wir mit der Zeit immer uninteressanter für den Partner.

Wir sind kein wirklicher Partner mehr, von uns kommt keine Befruchtung, keine Bereicherung, kein Widerhall, kein Widerspruch – nichts!

Wir werden zu einem Anhängsel ohne Eigenleben. Mit einer auf Gegenseitigkeit aufgebauten Partnerschaft hat das nichts mehr zu tun. Der Gegenpart ist eingeschlafen.

Wenn nun der Partner jemanden findet, der ihn mehr fordert, der befruchtender auf ihn wirkt und eine Aufgabe für ihn bedeutet, sind wir ganz schnell an dem Punkt angelangt, den wir durch unsere Anpassung doch eigentlich vermeiden wollten – in der Einsamkeit.

Unser/e Partner/in hat sich innerlich oder auch schon äußerlich verabschiedet, hält nur noch den Schein aufrecht oder führt inzwischen so etwas wie ein Doppelleben, und wir stehen da und können das alles nicht verstehen – haben wir doch immer alles getan!

Auch dazu möchte ich Ihnen ein Beispiel aus der Praxis berichten: Eine etwa fünfzigjährige Frau erklärte mir mit tränenerstickter Stimme, dass sie nun achtundzwanzig Jahre verheiratet sei, nie habe es einen Streit gegeben, nie ein böses Wort, jeden Wunsch habe sie ihrem Mann von den Augen abgelesen, und nun hätte sie herausgefunden, dass er eine andere hat. Mein zugegeben etwas unsensibler Kommentar war: ***„Da wurde es aber auch Zeit.“***

So etwas ist keine Partnerschaft, so etwas ist Disneyland. So etwas ist wie eine vorweggenommene Beerdigung. Hier fehlt jede befruchtende Lebendigkeit, hier ist eine Partnerschaft in Gewohnheit erstarrt.

Ich weiß doch, wie er denkt, ich weiß doch, was er so gerne isst, ich weiß doch, wann er seine Zeitung möchte, ich weiß doch, worüber er nicht reden will, ich weiß doch, ich weiß doch, ich weiß doch … und vermeide deshalb alles, was ihn stören könnte. Ich bin ihm doch eine gute Frau. Er kann sich wirklich nicht beklagen.

Ja, sich beklagt oder die Dinge angesprochen hat er vermutlich nie. Stattdessen hat er gehandelt, stattdessen ist er ausgebrochen. Fragt sich, ob ein Ansprechen überhaupt möglich gewesen wäre und ob sich dann etwas verändert hätte.

Er konnte ihr ja nichts vorwerfen, hatte keinen Grund, mit irgendetwas unzufrieden zu sein, und sie hätte wohl immer nur erwidert, dass sie doch alles tue, um es ihm recht zu machen. Sackgassen, aus denen man ohne kompetente Hilfe nicht herausfindet. Aber verlassen wir dieses extreme Beispiel und schauen einmal in die andere Richtung.

Wenn wir unsere heutigen Lebensumstände betrachten, ist der Mensch an jedem einzelnen Tag seines Lebens einer enormen Flut von Eindrücken aller Art ausgesetzt. Diese Eindrücke variieren natürlich je nach Umfeld, in dem er sich bewegt.

Wenn nun zwei Partner den größten Teil ihres Tages in unterschiedlichen Umfeldern verbringen und dann am Abend oder auch am Wochenende (besonders kritisch sind Feiertage wie Weihnachten usw.) aufeinander treffen, dann muss das Fundament einer Partnerschaft schon sehr stabil sein, um dies auf Dauer unbeschadet überstehen zu können. Die Gefahr einer unterschiedlichen Entwicklung und somit auch eines Auseinanderdriftens ist durch die unterschiedlichen Umfelder immer gegeben.

Die Schöpfung steht keinen Augenblick still. Alles ist in Bewegung. Nichts bleibt so, wie es ist. Auch der Mensch, als Teil dieser Schöpfung, unterliegt dem dauernden Wandel.

Diese dauernde Bewegung, dieser dauernde Wandel und die damit nie still stehende Entwicklung können zwei Menschen zueinander-, aber auch auseinanderdriften lassen.

Das Zueinanderdriften empfinden wir als Glück, das wir dankbar und mit Freude annehmen. Das Auseinanderdriften hingegen empfinden wir als ein Unglück, das wir verhindern wollen.

Dabei ist das eine so normal wie das andere, und wir können die Gesetzmäßigkeit des dauernden Wandels im positiven Sinne sogar ganz bewusst für uns wirken lassen, indem wir den Wandel ganz bewusst und aktiv mitgehen. Wenn wir uns aber gegen den Wandel stellen, wenn wir wollen, dass alles so bleibt, wie es früher war, dann wird uns der Wandel überrollen. Auch dazu kommen wir noch später.

Gehen wir zurück in die Praxis: Allein der zeitliche Anteil der den Menschen formenden Umfelder ist in der Regel recht unterschiedlich verteilt. Wenn wir acht oder zehn Stunden in einer Firma, einer Behörde, einem Labor oder auch in der häuslichen Kindererziehung verbringen, dann ist der zeitliche Anteil, den wir mit unserem Partner verbringen, dagegen nur relativ gering.

Das notwendige Umschalten vom Tagesgeschehen in die private Atmosphäre geschieht dann nicht so schnell, wie es eigentlich nötig wäre.

Dadurch entsteht eine Zeitzone, in der wir zwar physisch anwesend, aber mental noch ganz woanders sind.

So prallen immer öfter zwei Welten aufeinander.

Ein erstes Gefühl des „Sich-nicht-Verstehens“ oder des „Nicht-verstanden-Werdens“ wird nach einiger Zeit festgestellt und kann zu einem immer gravierenderen Problem anwachsen, wenn nicht schon an diesem entscheidenden Punkt eine bewusste Weg- und Wertekorrektur stattfindet. Bleibt die Korrektur aus, entwickelt sich zwangsläufig Folgendes:

Die Zeit außerhalb der Partnerschaft wird als angenehmer empfunden als die Zeit innerhalb der Verbindung.

Man geht nur noch ungern nach Hause oder muss noch mal dringend aus dem Haus, arbeitet lieber länger, geht noch auf einen Sprung in die Kneipe, zu Freunden, zum Training, in eine dringende Besprechung usw. usw.

Wenn dann das gemeinsame Zuhause einmal unvermeidbar ist, können z.B. Freunde eingeladen werden, um nicht so direkt aufeinanderzuprallen. Lieber einen belanglosen Gesprächsstoff als gar keinen. Eine heile Welt wird nach außen vorgegaukelt, derweil im Inneren das Unheil seinen Lauf nimmt.

Sind Kinder in einer solchen Verbindung vorhanden, werden nun die Kinder zum Inhalt einer immer brüchiger werdenden persönlichen Beziehung, die spätestens dann zu null hin tendiert, wenn die Kinder aus dem Haus sind.

Ob man Kindern damit einen Gefallen tut, sie zum Inhalt einer an sich brüchigen Beziehung zu machen, werde ich später ausführlich behandeln. Nur eins sei hier schon vorweggenommen: Kinder lernen in einer solchen Beziehung so ziemlich alles, nur nicht, wie eine liebevolle Partnerschaft zwischen zwei Menschen aussieht. Ausgerechnet diese wichtige Lebenserfahrung können sie nicht machen, und so sind spätere Schwierigkeiten in ihren eigenen Beziehungen vorprogrammiert. Die Kinder konnten zu diesem Thema keinerlei positive Erfahrungsmuster speichern.

Zwei Partner sind wie zwei Säulen, auf denen man etwas aufbauen will.

Ein stabiler Aufbau ist immer nur dann möglich, wenn beide Säulen gleich groß und gleich stark sind. Habe ich als Basis eine große, starke und auf der anderen Seite eine vergleichsweise kleine und schwache Säule, gerät das darauf Aufgebaute sehr schnell in Schieflage und rutscht ab.

Die weitere Voraussetzung eines stabilen Aufbaus besteht darin, dass die beiden Säulen weit genug auseinander stehen. Stehen sie zu eng umschlungen, ist die Spannweite zwischen ihnen zu gering, kleben sie aneinander, heben sie ihre an sich so wunderbare Tragfähigkeit gegenseitig wieder auf.

Ganz abgesehen davon, dass die Luft zwischen ihnen nicht genügend zirkulieren kann, und in einem solchen Fall setzt sich dann sehr schnell Schimmel an.

Der hochedle Traum der Romantiker, mit einem anderen Menschen vollkommen eins zu sein, gleich zu fühlen, zu denken und zu handeln, macht – wenn wir das einmal völlig emotionslos betrachten – eine der beiden Säulen eigentlich überflüssig.

Aus zweien ist ja in diesem Fall nicht mehr geworden, ganz im Gegenteil wurden zwei auf eins reduziert. Abgesehen davon, dass ein solches Einssein kaum möglich ist, obwohl ich aus eigener Erfahrung bestätigen kann, dass uns ein solches Gefühl – zumindest kurzzeitig – völlig vereinnahmen kann.

Im Prinzip sind Mann und Frau unvereinbar.

Ein Mann tickt anders als eine Frau und eine Frau tickt anders als ein Mann. Ihre emotionalen Welten, ihre emotionalen Reaktionsmuster sind verschieden. Ein wirkliches Einssein ist schon allein deshalb kaum möglich, sie werden immer ein Stück Rätsel füreinander bleiben und dies kann auf der anderen Seite durchaus anziehend wirken. Es kommt immer auf die Balance an.

Lassen wir uns durch die grundsätzliche Unvereinbarkeit nicht schrecken. Ein problemloses Miteinander ist ja immer dann möglich, wenn wir den anderen so lieben und akzeptieren, wie er ist.

Nun fürchte ich, dass ich Sie mit meinen Ausführungen etwas verwirrt habe.

1. Am Anfang des Kapitels habe ich gesagt, dass jeder Partner sein Leben leben und auch in der Partnerschaft so sein können muss, wie er in seinem Kern nun einmal ist.

2. Dann habe ich von der Gefahr des Auseinanderlebens gesprochen, das durch die unterschiedlich prägenden Umfelder entstehen kann.

3. Weiter habe ich von den zwei Säulen gesprochen, die gleich stark sein und weit genug auseinander stehen sollten.

4. Und letztlich habe ich dem Ganzen noch die Krone aufgesetzt, indem ich gesagt habe, dass Mann und Frau im Prinzip unvereinbar sind.

Aber wenn nun jeder sein Leben leben können muss, wie ich es unter Punkt 1 empfehle, wenn im Wesentlichen jeder so sein können muss, wie er nun einmal ist, dann ist doch schon allein dadurch und auch durch die Feststellung, dass Mann und Frau im Prinzip unvereinbar sind, ein gewisser Konfliktstoff und ein gewisses Nichtverstehen gegeben. Ja, richtig, und letztlich scheitern auch genau daran die meisten Verbindungen.

Aber zu einem solchen Scheitern kommt es immer nur dann, wenn das Fundament einer Partnerschaft nicht stimmt, wenn die beiden Säulen nicht gleich groß und stark sind, wenn sie nicht weit genug auseinander stehen. Es ist wichtig, dass Ihnen dies absolut klar wird.

Wenn ich jemanden liebe, wie er ist und weil er so ist, wie er nun einmal ist, dann verstärkt es doch eher meine Liebe, wenn er dann auch in der Partnerschaft so ist, wie er ist.

Und wenn er oder sie dann auch das Gleiche mir gegenüber empfindet, dann können uns unsere unterschiedlichen Umfelder, dann kann uns unser unterschiedliches Sein niemals auseinanderbringen – ganz im Gegenteil, es ist ja gerade das, was uns anzieht.

Wir sind zusammen mehr, als wir alleine sein könnten. Wir ergänzen uns, wir öffnen uns gegenseitig Felder, die für uns alleine nicht erreichbar wären. Jeder der Partner erweitert den Horizont des anderen. Jeder der Partner wirkt befruchtend auf den anderen. Das ist der Unterschied zum so romantisch klingenden Einssein.

Aber das gegenseitige Befruchten, das Öffnen neuer Felder und das Erweitern der Horizonte kann dann leider nicht geschehen, wenn einer der Partner sich im Besitz der allein gültigen Wahrheit wähnt, den anderen davon zu überzeugen versucht oder erwartet, dass er oder sie seine Wahrheit übernimmt.

Niemand ist im Besitz einer alleingültigen Wahrheit.

Warum aber besitzt nun gerade die Vorstellung des Einsseins, des Gleich-Denkens, Empfindens usw. trotz ihrer relativ hohen Unerreichbarkeit einen so großen Idealwert?

Nun, in unserem wahren Sein sind wir unbegrenzte geistige Wesen, die im Moment mit einem begrenzten, menschlichen Körper verbunden sind, um hierin bestimmte Erfahrungen zu machen.

Wir kommen aus der allumfassenden Einheit und gehen in diese allumfassende Einheit zurück. Die Erfahrung des Einsseins ist somit tief in uns verwurzelt.

Das mit unserem begrenzten, menschlichen Körper verbundene Ego-Ich sieht sich jedoch als ein von allen getrenntes und einmaliges Individuum, das es zu schützen und zu verteidigen gilt.

Wenn nun zwei dieser menschlichen Egos trotz ihrer jeweiligen Begrenzung die Einheit proben, dann mag sie dieses Gefühl zwar kurzfristig einlullen und sie auf Wolke sieben schweben lassen, aber wie alle Wolken wird sich auch diese Wolke wieder auflösen und abregnen. Die darauf folgende Bodenberührung ist unvermeidbar.

Auf der allumfassenden, göttlich-geistigen Ebene sind wir eins, auf der begrenzten, menschlichen Ego-Ebene können wir es niemals werden.

Eine erfüllende und dauerhafte Partnerschaft muss deshalb täglich neu erarbeitet werden.

Sie ist nicht einfach da, sie geschieht nicht ohne unser eigenes Zutun, sie ist ohne unsere bewusste Arbeit nicht möglich. Eine Partnerschaft wächst und festigt sich nur dann, wenn beide Partner gleichermaßen wachsen. Wenn ein Partner wächst und der andere auf der Stelle des Kennenlernens stehen bleibt, wächst diese Partnerschaft auseinander. Wir haben das schon besprochen.

Ich erlebe in meiner Praxis immer wieder, dass Frauen von sich sagen, nicht die gleichen Chancen gehabt zu haben. Sie seien für die Kinder zuständig gewesen, hätten sogar ihren Beruf aufgeben müssen, während der Mann sich in seinem Beruf und in seinem Umfeld wunderbar weiterentwickeln konnte. Heute hätten sie sich leider nicht mehr viel zu sagen.

Sehen Sie, hier ist das gegenseitige Befruchten und das Öffnen neuer Horizonte ausgeblieben. Hier wurde eine Partnerschaft nicht täglich neu erarbeitet. Hier wurden ganz einfach Rollen verteilt, und dann wurde in diesen Rollen verharrt. Aber dazu mehr im nächsten Kapitel.

Die juristische Betrachtung

Laut Wikipedia ist eine Säule eine lotrechte, freistehende Stütze aus Holz, Stein, Ziegel oder Metall mit rundem Querschnitt, die Gebälk, Gewölbe oder Arkaden eines Gebäudes trägt und dabei teilweise oder ganz die Wände ersetzt. Sie kann aber auch nur der Dekoration dienen.

Es gibt ägyptische, babylonische, assyrische, persische, griechische, römische, romanische Säulen, Betsäulen, Litfasssäulen, Pestsäulen, Postmeilensäulen, Tanksäulen, Bestiensäulen, Betonsäulen und und und, kurz: so verschiedene, wie Partner verschieden sind.

Ein nettes Sammelsurium an Säulen gibt es im Übrigen im „Dschungelbuch" im Tempel der Affen, wobei vor meinem geistigen Auge gerade das Bild des dominosteinartigen Einsturzes schwebt.

Unsere Aufgabe ist es, Säulen zu sein, die nicht nur dekorativ in der Gegend rumstehen – wobei dekorative Elemente nicht schaden –, es zu vermeiden, eine Bauruine zu werden, und dafür zu sorgen, dass wir – entsprechend den vielen Verwitterungseinflüssen – sanierungfähig und restaurationswürdig bleiben – oder werden.

Interessant ist auch die Frage, ob wir Murks gebaut haben, ab wann und wo – oben oder unten – es zu bröckeln begann, insbesondere, ob wir den Biobauvorschriften entsprechen, das heißt, weder Chemikalien noch Giftstoffe enthalten oder absondern, nur mit Stützen stehen, ein Billigprodukt aus dem Baumarkt, oder auf Treibsand gebaut sind.

So weit zum baustatischen Teil; analysieren wir den Stoff, aus dem die Säulen sind.

Ein Grund, warum es zum häufigen Bestandsschwund der Säulen kommt, ist, dass wir die Verschiedenheit nicht sehen wollen. Anfangs findet man ja noch alles aneinander toll, aber unsere verklärte Vorstellung, dass Liebe aus uns eins machen muss, führt dazu, dass wir jedes Anderssein des Partners zuerst kritisieren und dann bekämpfen.

Wir anerkennen seine andere Meinung nicht und sprechen ihm ab, richtig – was heißt: wie wir – zu denken. Wie sagte Churchill: Wenn zwei Menschen immer dasselbe denken, ist einer von ihnen überflüssig. Und eigentlich wollen wir uns doch nicht überflüssig machen.

Wir stellen trotzdem Ansprüche. Wenn diese, unabhängig von ihrer Erfüllbarkeit, nicht erfüllt werden, führt dies dazu, dass wir denken, der andere interessiere sich nicht genügend für uns. Auf die Idee, der andere müsse uns nicht entsprechen und/oder permanent zu Diensten sein, kommen wir nicht zwingend.

Fakt ist, und das können wir für alle streitigen Auseinandersetzungen sagen: Jeder meint, er habe die Wahrheit und – noch schlimmer – das Recht gepachtet.

Aber das hat niemand von uns, einschließlich der streitentscheidenden Gerichte. Und dies ist die einzige unumstößliche Wahrheit. Das sehen wir in schönster Regelmäßigkeit beim Durchexerzieren der verschiedenen gerichtlichen Instanzen. Instanz zwei teilt häufig nicht die Meinung von Instanz eins. Beide Instanzen nehmen aber für sich in Anspruch, im Namen des Volkes Recht zu sprechen. Instanz zwei obsiegt dank der temporären Nachfolge. Ob ihre Entscheidung deshalb auch „richtiger" ist, daran darf man seine Zweifel haben.

Wir kämpfen miteinander, weil wir meinen, dass uns etwas fehlt, – eine Sache, ein Recht, eine Person, ein Prinzip.

Das Kämpfen ersetzt aber weder, was fehlt, noch garantiert es, das, was fehlt, zu erhalten. Und abgesehen davon klärt Kämpfen nicht die Frage, ob uns tatsächlich etwas fehlt. Wir tauschen also stattdessen Lebensenergie für – bestenfalls – Etappensiege, in jedem Fall für beschädigte Beziehungen. Ist es das wert?

Und nun kommt gleich die nächste Hürde. Wenn wir meinen, wir verzichten großzügig auf das Durchsetzen unserer Meinungen, weil – und nun kommt die Hintertür – wir dann was gut haben und der andere uns anderswo den Vortritt überlassen muss, ja, dann ist nicht viel gewonnen.

Dann haben wir lediglich das Deckmäntelchen der Liebe und Einigkeit über ein schwelendes Feuer gelegt, allzeit bereit, wenn unsere Registrierkasse die Füllmenge erreicht, mit allen aufgestauten, zurückgehaltenen Gefühlen loszupoltern. Schließlich haben wir uns die ganze Zeit zurückgenommen und jetzt müssen wir doch auch endlich einmal zum Zuge kommen.

Wer so denkt, hat's nicht wirklich kapiert. Eine konstruktive Beziehung lebt nicht durch gegenseitiges Aufrechnen und Verrechnen von Liebe und Kompromissen. Liebe und Beziehung leben durch Verstehen, Verständnis, Mitgefühl, zumindest im Bemühen darum.

Das erfordert Arbeit, Arbeit an uns selbst, und wir sehen: Das muss ohne den anderen erfolgen. Da kann und soll der gar nicht reinpfuschen. Das ist unsere Aufgabe. Dazu gehört auch, über den eigenen Schatten zu springen. Einzugestehen, dass wir einen Fehler gemacht haben, unsere Meinung nicht die allein glückselig machende ist, und nicht die hunderttausendste Sprachregelung zu finden, die alles nur kaschiert, aber das Entscheidende nicht formuliert: Ehrlichkeit und Klarheit.

Seltsam, dass wir uns gerade mit der Wahrheit so schwer tun. Wir reklamieren sie für uns, aber geben wir sie auch her?

In Gerichtsverhandlungen sind neben unterschiedlichen Rechtsansichten oft auch zwei völlig unterschiedliche Sachverhaltsdarstellungen zu beobachten. Ab und an mahnt ein Richter, dass das Verfahren Gefahr läuft, einen roten Aktendeckel zu erhalten, das heißt, die Abgabe des Verfahrens an die Staatsanwaltschaft, weil eine Partei zwingend lügen muss und Prozessbetrug nun mal strafbar ist. Im Übrigen steht ausschließlich Freiheitsstrafe darauf, Geld reicht dem Staat nicht, wenn er sich, pardon, beschissen fühlt.

Freiheitsentzug, auch wenn man es nicht so nennt, ist aber auch in privaten Auseinandersetzungen Thema, und zwar in Form von Eingrenzen der Möglichkeiten.

Wie oft meinen wir uns nach einer bestimmten Vorgabe verhalten zu müssen. Wer hat nicht schon oft gesagt, ich würd` ja gerne, wenn ich nur wollen dürfte – oder so ähnlich. Wir fühlen uns gefangen in Beziehungen, gefangen in Ehe, Familie, Beruf, Gesellschaft.

Mein erster Chef sagte einmal: Nach der Schule setzen wir uns wie ein Waggon auf Gleise, und dann fahren wir auf diesen, ohne irgendeine Möglichkeit des Aussteigens oder Abzweigens in Betracht zu ziehen.

Die interessante Frage ist: Wollen wir überhaupt aussteigen oder abzweigen, oder wollen wir nicht lieber in unserem zwar nicht so geliebten, aber sicheren Leben bleiben?

4

Die Partnerschaft täglich neu erarbeiten

Wenn Sie eine Firma betreiben, gleichgültig, ob groß oder klein, und in Ihrem Marktsegment weiterhin Erfolg haben wollen, dann bleibt Ihnen nichts anderes übrig, als die Konkurrenz sorgfältig zu beobachten, die Trends im Markt nicht zu verschlafen, Ihre Produkte oder Dienstleistungen ständig weiterzuentwickeln und mit Ihrem Angebot ständig auf der Höhe des Geschehens zu sein. Die Konkurrenz schläft nicht!

In einer Partnerschaft sind diese Notwendigkeiten nicht viel anders, obwohl sie leider meist völlig missachtet werden. Der Partner ist erobert, vielleicht sogar mit staatlichem und kirchlichem Segen beringt wie ein Täubchen oder Täuberich, das Nest ist gebaut, die Eier gelegt oder vielleicht auch schon ausgebrütet, und was vorher so ausgiebig gepflegt wurde, das männliche Balzverhalten oder das weibliche Herausputzen, erlahmt nun immer mehr.

Schade, es gibt zwar die vielzitierte Selbstverständlichkeit des Seins, aber die Selbstverständlichkeit einer funktionierenden Partnerschaft gibt es leider nicht. An einer funktionierenden Partnerschaft muss täglich gearbeitet werden, sie ist niemals unter Dach und Fach. Täglich bedarf sie unserer ganzen Aufmerksamkeit.

Bleiben wir einmal auf der Basis des vorhergehenden Kapitels und nehmen wir als Beispiel die klassische Konstellation eines berufstätigen Mannes und einer kindererziehenden Frau. Sind in einer solchen Konstellation die Chancen einer gemeinsamen Weiterentwicklung, die Chancen eines „Miteinander-Schritthaltens", die Chancen der täglichen „Hinwendung und Aufmerksamkeit", die nach meiner Erfahrung so elementar wichtig sind, überhaupt gegeben?

Wenn beide Partner in dieser klassischen Rollenverteilung erstarren, wenn sie ihren einmal eroberten Marktanteil als gesichert ansehen, tendiert die Chance zur gemeinsamen Weiterentwicklung und des „Miteinander-Schritthaltens" stark gegen null.

Wenn jedoch beide ihre unterschiedlichen Aufgaben als so etwas wie unterschiedliche Geschäftsbereiche einer gemeinsamen Firma ansehen, in der jeder Geschäftsbereich konkurrenzfähig und auf der Höhe des Geschehens bleiben muss, dann ist mir um eine gemeinsame Entwicklung und Festigung der Partnerschaft nicht bange.

Kommunikation, Interaktion, gegenseitige Unterstützung, Abstimmung und Befruchtung zwischen den Bereichen sind angesagt, oder die Firma wird über kurz oder lang nicht mehr existieren.

Der Vertrieb kann nicht ohne die Produktion, die Produktion nicht ohne die Entwicklung und die Finanzabteilung nicht ohne Umsatz und Gewinn existieren. Alle Abteilungen arbeiten für das gleiche Firmenziel, alle Abteilungen folgen der gleichen Firmenphilosophie. Wenn Sie wollen, nehmen Sie noch ein paar Geschäftsbereiche dazu, die Nachwuchsförderung und -ausbildung z.B.

Der Gewinn einer Firma wird dabei von allen Geschäftsbereichen gleichermaßen erwirtschaftet und muss deshalb auch allen Bereichen gleichermaßen zugute kommen. Keine Abteilung hat ihren Sinn in sich selbst, jede Abteilung ist Teil des Ganzen.

Bleibt eine Abteilung in ihrer Entwicklung zurück, bleibt sie z.B. auf dem Stand der Firmengründung stehen, weil der Verkauf die Notwendigkeit einer Investition in die interne Organisation nicht einsieht und alles in den Außendienst investieren möchte, wird das gesamte Unternehmen ausgebremst. Der Stillstand eines einzelnen Bereiches bedeutet am Ende immer den Stillstand des Ganzen, oder man deckt die entstandene Lücke durch Einkauf von Dienstleistungen außerhalb der Firma.

Nun ist das Managen einer Firma wesentlich leichter als das Managen einer Partnerschaft. Eine Firma kennt keine Emotionen, sie kann weder traurig noch fröhlich sein, fühlt sich weder beleidigt noch missverstanden usw.

Insofern hinkt dieser Vergleich ebenso, wie alle Vergleiche irgendwo hinken. Der Erfolg einer Firma lässt sich relativ emotionslos an nackten Zahlen ablesen, während in einer Partnerschaft die Emotionen wichtiger sind als die Zahlen.

Der Erfolg einer Lebenspartnerschaft zwischen Mann und Frau liegt jenseits jeder zahlenmäßigen Erfassbarkeit.

Der Erfolg einer Partnerschaft hat mit so etwas wie Nähe, Glück, Zufriedenheit, Vertrauen, Verstehen, Geborgenheit, Erfüllung usw. zu tun. Zumindest sollte dies der Maßstab für eine Lebenspartnerschaft sein, oder sie ist wirklich nur so etwas wie eine reine Geschäftsbeziehung mit beschränkter Haftung natürlich.

Wer seine Partnerschaft als reine Zweckgemeinschaft oder Geschäftsbeziehung einrichtet, wem das so genügt und wer keine weiteren Ansprüche stellt, der soll es eben so handhaben. Ich will mir da kein Urteil anmaßen.

Auch so etwas kann in einer gewissen Weise funktionieren und ist wahrscheinlich sogar weniger Stürmen ausgesetzt. Eine Wahrscheinlichkeit, die sich aber sehr schnell ändern kann, wenn dann auch hier Emotionen ins Spiel kommen, und irgendwann kommen die garantiert ins Spiel, und wenn es nur so etwas wie Futterneid ist.

Wer trägt mehr zum Ganzen bei, wer ist wichtiger, was schafft der eine nur durch die Hilfe des anderen oder umgekehrt, wer könnte auch alleine und wer nicht, wer ist angesehener usw. usw.? Vom Geld, das dann in der Regel immer den meisten Zündstoff liefert, wollen wir dabei gar nicht erst reden.

Wenn wir die gemeinsame Weiterentwicklung, wenn wir den gemeinsamen Lernprozess, wenn wir das Miteinander-Wachsen als so wichtig ansehen, wie wir es hier getan haben, dann ist auch immer die Startposition einer Partnerschaft von entscheidender Bedeutung. Zumindest am Startpunkt sollte so etwas wie ein Gleichstand sein. Erinnern Sie sich bitte noch einmal an das Beispiel der zwei Säulen aus dem vorhergehenden Kapitel.

Minimale Größenunterschiede sind durchaus zu verkraften, werden sich auch im Verlauf der Partnerschaft immer wieder ergeben, sich dann relativ lautlos wieder ausgleichen oder im Gegenteil vertiefen, wenn sie nicht erkannt werden und dann bewusst daran gearbeitet wird.

Elementare Größenunterschiede hingegen sind in der Regel nicht auszugleichen, oder einer der Partner müsste einen Quantensprung machen und der andere freiwillig stehen bleiben oder sich gar zurückentwickeln, was aber nicht möglich ist.

Ich darf Ihnen dazu ein Beispiel aus meinem eigenen Leben erzählen. Meine erste Ehe schloss ich mit einundzwanzig Jahren, dem Erreichen der Volljährigkeit, mit der man zur damaligen Zeit erst selbständig handeln durfte. Ich wollte einfach von einem Zuhause weg, das von Hass, Streit und emotionaler Kälte geprägt war.

Ich hatte eine gleichaltrige Frau kennen gelernt, deren Zuhause das genaue Gegenteil darstellte, und so etwas wollte ich endlich auch einmal für mich haben. Es war die erste Frau, die ich kennen lernte, und ich hatte keinerlei Erfahrung mit dem weiblichen Geschlecht.

Vor allem war ich emotional total blockiert. Den Umgang mit Emotionen oder gar das Zeigen und Zulassen von Gefühlen der Zuneigung hatte ich nicht gelernt. Es genügte, wenn mich jemand einmal lieb in den Arm nahm, und dieses mir bis dahin völlig unbekannte Gefühl wollte ich dann nicht mehr loslassen, obwohl es andererseits auch große Unsicherheit und Angst in mir auslöste.

Die ersten Ehejahre verliefen relativ ruhig und meine Frau gebar zwei Söhne, versorgte den Haushalt und nähte – zumindest in der ersten Zeit unserer Ehe – nun in Heimarbeit Handschuhe für eine ortsansässige Firma, bei der sie schon vor unserer Ehe beschäftigt war.

Ich hatte auf dem zweiten Bildungsweg studiert, was dadurch möglich war, dass ich tagsüber acht Stunden in einer Druckerei arbeitete und damit Studium und Familie finanzierte.

Meine Frau war mit ihrer häuslichen Rolle höchst zufrieden, völlig anspruchslos, ja, in gewisser Weise sogar interesselos, während ich nach Abschluss des Studiums relativ schnell Karriere machte und in eine völlig andere Welt hineinwuchs.

Alle Versuche meinerseits, meine Frau mitzuziehen, sie auch für etwas anderes als Haus und Kinder zu interessieren, blieben erfolglos. Sie hatte weder Interesse daran, etwas Bestimmtes zu lesen, sich mit etwas anderem als mit Kindern zu beschäftigen, und weigerte sich z.B. kategorisch, Englisch zu lernen oder es zumindest einmal zu versuchen, was man in der Volkshochschule sehr günstig hätte tun und dabei auch andere Menschen hätte kennen lernen können. Sie hatte sich in einen Käfig gesperrt, den sie nicht mehr verlassen wollte. Ihr genügte dieses Leben. Sie war angekommen, aber ich hatte meinen Weg erst begonnen.

Die unausweichliche Folge war, dass wir immer deutlicher in zwei Welten lebten und uns naturgemäß auch immer weniger zu sagen hatten. Wollte ich von meinem Beruf erzählen, reagierte sie völlig uninteressiert und meinte, dass sie davon nichts verstehe. An ihren Tagesberichten, welches Kind nun wie viele Bäuerchen gemacht und was die Nachbarin gesagt hatte, war ich dann meinerseits weniger interessiert.

So kam, was kommen musste, wir hatten uns mit der Zeit nichts mehr zu sagen und lebten tatsächlich in zwei völlig verschiedenen Welten. Die einzig verbliebene Gemeinsamkeit waren unsere Söhne, und ich spielte selbst dabei, wie auch in der ehelichen Beziehung zwischen uns, lediglich die Rolle des Erzeugers und Ernährers der Kinder.

Nun war dies natürlich in erster Linie das Problem von zwei Erwachsenen. Aber was konnten unsere Kinder dazu, wie konnte ich Schaden von ihnen fernhalten? Kinder spüren eine Disharmonie zwischen ihren Eltern immer recht deutlich und reagieren dann auch entsprechend. Sehr oft mit Krankheit, mit Problemen in der Schule, mit Interesselosigkeit oder Opposition gegen alles und jeden. Die Psyche meines ältesten Sohnes reagierte mit totalem Haarausfall, damals wie heute noch ein medizinisch unlösbares Problem.

Wir beschlossen, uns in gutem Einvernehmen zu trennen. In Haus und Wohnung blieb alles, wie es war, und ich verzichtete sogar zu Gunsten meiner Frau auf meine Erbansprüche am elterlichen Haus. Ich nahm lediglich meine Anzüge mit und suchte mir irgendwo ein kleines Appartement.

Wir beschlossen, auch in der Beziehung zu unseren Kindern alles so zu lassen, wie es bisher war. Ich hatte selbstverständlich einen Hausschlüssel, konnte kommen und gehen, wann immer ich wollte, und der Sonntag war ein unerschütterlich eingeplanter Familientag, an dem wir alle gemeinsam etwas unternahmen.

Dies ging dann auch eine ganze Weile gut, bis es dann leider nicht mehr gut ging. Als ich eine andere Frau kennen lernte und in meiner inzwischen vollzogenen beruflichen Selbständigkeit vorübergehend in eine finanzielle Notlage geriet und meine bis dahin großzügigen Zahlungen etwas einschränken musste, wurde mir auch die Möglichkeit des Umgangs mit meinen Kindern deutlich eingeschränkt.

Aber ich will Sie mit dieser Geschichte nicht weiter langweilen. Wir können sie an dieser Stelle beenden und uns dem zuwenden, was wir daraus lernen können. Wenn wir dazu noch einmal die Tabelle möglicher Fundamente einer Zweierbeziehung aus dem Kapitel zwei ansehen, kommen wir zwangsläufig zu folgender Erkenntnis:

Unsere Beziehung war vorwiegend auf dem Fundament des Nutzens, den wir gegenseitig voneinander hatten, gegründet, also Punkt drei unserer Tabelle. Ich hatte etwas gefunden (vor allem bei den Eltern meiner Frau), was ich in meiner Ursprungsfamilie bislang noch nie erlebt hatte, und meine damalige Frau hatte etwas gefunden, was offensichtlich ihrem Lebensziel entsprach, einen vorzeigbaren Mann, Kinder und eine sichere Versorgung.

Als dann der gegenseitige Nutzen ausblieb, als ich meine emotionale Blockade immer mehr abbauen und ins Gegenteil verwandeln konnte und auf der anderen Seite für meine Frau der vorzeigbare Mann und auch die sichere Versorgung ausblieben, hatte sich das brüchige Fundament aufgelöst.

Wenn wir beim Beispiel der zwei Säulen bleiben, waren diese beim Legen des Fundaments sicher annähernd gleich stark und gleich hoch, hatten sich dann aber völlig unterschiedlich entwickelt. Während die eine Säule wuchs und wuchs, blieb die andere unverändert stehen und verweigerte jedes Wachstum, so dass das darauf Aufgebaute immer mehr in Schieflage geriet und letztlich abrutschte.

Wenn ich das Kapitel mit der Überschrift „Die Partnerschaft täglich neu erarbeiten" begonnen habe, dann wissen Sie jetzt, was ich damit meine. Dabei war dies nur ein sehr einfaches Beispiel. Es gibt viele Felder innerhalb einer Partnerschaft, die täglicher Aufmerksamkeit, Pflege und Zuwendung bedürfen, und wir werden im Verlaufe des Buches noch so einige entdecken.

Aber immer gehören zwei dazu, die die gleiche Anstrengung unternehmen. Wenn sich einer der Partner verweigert, wenn er oder sie nicht bereit ist, sich zu bewegen, und alles vom anderen erwartet, ist die Angelegenheit ziemlich aussichtslos.

Aufgeben oder nicht aufgeben?

Wo ist nun der Punkt erreicht, an dem man aufgeben darf, ja vielleicht sogar aufgeben muss? Darf man überhaupt aufgeben, vor allem dann, wenn auch Kinder davon betroffen sind? Ich werde so etwas in meiner Praxis immer wieder gefragt und es zeigt, wie schwer den meisten Menschen eine solche Entscheidung fällt.

Trotzdem kann ich dazu keinen verbindlichen Maßstab verkünden. So etwas muss und kann jeder nur für sich selbst entscheiden. Ich kann Ihnen nur sagen, welchen Maßstab ich anlegen würde, und vielleicht finden Sie etwas dabei, was sich auch für Sie richtig anfühlt.

Erstens würde ich einen solchen Schritt nur dann in Erwägung ziehen, wenn ich mir ehrlichen Herzens sagen kann, zur Rettung der Partnerschaft wirklich alles versucht und keine Chance ungenutzt gelassen zu haben. Dies verlangt hohe Ehrlichkeit zu sich selbst. Alles auf den Partner zu schieben ist zwar die bequemere Lösung, aber in der Regel nichts anderes als Selbstbetrug.

Zweitens, wenn eine Partnerschaft die eigene Entwicklung total behindert, sollte man auch hier eine Trennung ernsthaft erwägen. Mit Entwicklung ist hier allerdings weniger eine berufliche oder finanzielle Entwicklung als vielmehr die geistig-seelische Entwicklung gemeint. Wenn ich mehr leide als liebe und vielleicht auch schon der Körper deutliche Warnsignale sendet, muss ich dringend eine Entscheidung treffen.

Drittens, wenn ich mich vom Fluss des Lebens abgetrennt fühle, wenn Freude und Erfüllung zu Fremdwörtern geworden sind, wenn die Partnerschaft krank macht und ich sie nur noch aushalte, hat sie ihren Sinn verloren. Ein stilles oder auch manchmal lautes Aushalten wegen der Kinder, der Eltern, der Nachbarn, der Kollegen oder weil eine Trennung oder Scheidung dem eigenen Ansehen oder vielleicht auch der Karriere schaden würde, zahlt sich niemals aus. „Bis dass der Tod uns scheidet“ könnte in solchen Fällen sehr schnell zur Wahrheit werden. Vollziehen Sie´s in solchen Fällen lieber vorher, dann haben Sie noch was davon.

Ein anderer wichtiger Maßstab für mich wäre „Wahrhaftigkeit“. Rechtens durchaus gültige, aber in Wahrheit nur zum Schein aufrechterhaltene und nach außen zur Schau gestellte Verbindungen sind mir ein Gräuel.

Würdelose Komödien, in denen womöglich sogar die so genannten ehelichen Pflichten erfüllt werden, obwohl man in Gedanken ganz woanders ist und die Minuten zählt, bis es endlich vorüber ist. Man will sich ja nichts vorwerfen lassen.

So etwas ist menschenunwürdig und so etwas kann auch Gott nicht wollen. Wenn man dann auch noch glaubt, Kindern damit einen Gefallen zu tun und ihnen durch ein solches Verhalten das Gefühl einer Familie zu erhalten, dann ist dies ein Irrglaube.

Hier ist nichts mehr zu retten, hier ist schon alles kaputt und die einzige Rettung ist der Weg in die Wahrhaftigkeit, und zwar allen Beteiligten gegenüber. Kindern kann man nichts vormachen, Kinder haben feinere Antennen als Erwachsene. Kindern Wahrheit, Klarheit und Wahrhaftigkeit vorzuleben ist für deren Entwicklung sicher wertvoller, als ihnen einen Komödienstadl vorzuspielen.

Ich erlebe in meiner Praxis immer wieder Menschen, die solche Komödien als Kind aushalten mussten und deshalb heute auch massive Probleme in ihren eigenen Partnerschaften haben.

Sie wollen alles, nur nicht das, was ihre Eltern ihnen vorgelebt haben, haben aber für einen anderen Weg keinerlei Fundament. Sie wissen lediglich, was sie nicht wollen, und in diesem Verhinderungsdenken verkrampfen sie dann total.

Sie haben Angst, in etwas hineinzugeraten, was sie doch eigentlich verhindern wollen. Aber Angst zieht bekanntlich immer das an, wovor wir Angst haben. So finden sie sich dann letztlich da wieder, wo sie immer schon waren. Ein verhängnisvoller Kreislauf.

Obwohl es nicht das vorherrschende Thema dieses Buches ist, erlauben Sie mir bitte folgenden kleinen Abstecher:

Unsere Gedanken und Vorstellungen, unsere Befürchtungen und Hoffnungen, kurz alles, was sich in unserem Kopf dreht, erzeugt eine schöpferisch-geistige Energie, die nach Verwirklichung drängt.

Dabei spielt es keine Rolle, ob unser Denken nun auf Wollen oder auf Nichtwollen gerichtet ist. Unser Unterbewusstsein kennt keine Verneinung. Entscheidend ist allein das Bild oder die Vorstellung, die immer und ausschließlich nach Verwirklichung drängt.

Wir tun also gut daran, nur das in unserem Kopf zu bewegen, nur das in unsere geistige Vorstellungskraft hineinzulassen, was wir wollen, und keinesfalls das, was wir nicht wollen.

Wenn wir aber kein genaues Bild von dem haben, was wir wollen, aber ein umso konkreteres Bild von dem, was wir nicht wollen, wird sich immer das konkretere Bild umsetzen. Wir landen wieder da, wo wir schon immer waren, obwohl wir doch genau das verhindern wollten.

Gehen wir wieder zu unserer Überlegung „aufgeben oder nicht aufgeben“ zurück.

Machen Sie sich bitte auch einmal bewusst, welchen Stellenwert Ihr Partner oder Ihre Partnerin in Ihrem Leben hat. Stehen sie noch an erster Stelle – wo sie ja zumindest einmal gestanden haben müssten – oder haben sie an Stellenwert verloren? Sind sie nach hinten durchgereicht worden und was hat sich an ihre Stelle gesetzt? Ihr Beruf, die Kinder, Ihr Sport, Freunde oder Freundinnen usw.?

Wodurch hat sich der Stellenwert verschoben? Was haben Sie nicht beachtet? Wo haben Sie die Partnerschaft nicht gepflegt, haben nicht täglich an ihrem Erhalt gearbeitet? Was haben Sie versäumt und was können und wollen Sie ab sofort ändern – oder auch nicht?

Eine Partnerschaft ist so etwas wie eine nie endende Baustelle.

Reden Sie mit Ihrem Partner oder Ihrer Partnerin darüber! In einer Partnerschaft gibt es immer zwei Bauherren. Partnerschaften sind keine Veranstaltungen für Solisten, bei denen einer auf der Geige spielt und der oder die andere brav zuhört.

Wenn Ihnen auch meine bisherigen Ansatzpunkte keine Klarheit schaffen konnten, versuchen Sie es einmal mit so etwas wie einer nüchternen Bilanz.

Nehmen Sie ein Stück Papier, ziehen Sie in der Mitte eine vertikale Linie und bezeichnen Sie dann das linke Feld als Soll und das rechte Feld als Haben. Nun führen Sie in Stichworten links all das auf, was Ihnen in Ihrer Partnerschaft fehlt, und auf der rechten Seite natürlich all das, was Sie in dieser Partnerschaft haben.

Bitte nicht vorschnell. Gedanken wie „Das brauch ich gar nicht erst zu machen, da ist nichts auf der rechten Seite“ führen zu keinem brauchbaren

Ergebnis. Zumindest war ja mal etwas auf dieser rechten Seite, oder Sie wären die Partnerschaft nicht eingegangen.

Also überlegen Sie, wo es geblieben ist. Wo hat es sich aufgelöst, wo haben sich die beiden Säulen unterschiedlich entwickelt, wo sind sie zu weit auseinander geraten – und überlegen Sie dann auch, ob und wie sich das korrigieren ließe.

Wenn in einer Geschäftsbilanz Schwächen und Fehlentwicklungen eines Unternehmens festgestellt werden, dann wird man doch zunächst versuchen, diese Schwächen und Fehlentwicklungen zu korrigieren, und nicht gleich die ganze Firma auflösen – oder?

Vielleicht bringen Sie auch Ihren Partner dazu, einmal eine solche Bilanz aus seiner Sicht zu erstellen, und vergleichen Sie dann die Ergebnisse.

Gibt es noch Gemeinsamkeiten, was müsste man abbauen, was müsste man auf- oder ausbauen? Natürlich setzt dies immer das ehrliche Bemühen beider Partner voraus. Scheingefechte dieser Art, um lediglich gut da zu stehen, sind schäbig. Denken Sie an den wichtigen Punkt der Wahrhaftigkeit!

Vielleicht lassen Sie sich auch in einer neutralen Ehe- und Partnerschaftsberatung helfen. Dies ist keinesfalls eine Schwäche oder gar Schande. Sie haben einen Steuerberater, Versicherungsberater, Karriereberater, Rechtsberater, Schönheitsberater und was sonst noch alles. Warum sollten Sie ausgerechnet im schwierigsten Bereich Ihres Lebens, der Partnerschaft, keine Beratung in Anspruch nehmen? Ihnen fällt dabei ganz bestimmt kein Zacken aus der Krone, und dies gilt besonders für die Herren der Schöpfung, die glauben, immer alles im Griff zu haben und regeln zu können. Meine Herren, kommen Sie lieber freiwillig herunter von Ihrem selbsterrichteten Standbild – oder Sie werden eines Tages vom Sockel geholt.

Dieser freiwillige Schritt ist nichts, was Sie kleiner macht, ganz im Gegenteil, er macht Sie größer. Er macht Sie menschlicher und anfassbarer, er schafft Nähe und Verständnis, und gerade das ist es, was eine Partnerschaft braucht.

Die juristische Betrachtung

Zu Beginn einer Scheidungsberatung frage ich routinemäßig, ob tatsächlich keine Chance mehr besteht, ob Beratungsstellen aufgesucht wurden, ob der Scheidungswunsch unumstößlich ist.

Jetzt kann natürlich jeder sagen: Dumme Fragen, weshalb würde man sonst zum Anwalt gehen, und so sind die Reaktionen auch recht unterschiedlich. Oftmals sind die Mandanten – unangenehm – überrascht und gehen über das Thema „Unumstößlichkeit“ schnell hinweg.

Die Möglichkeit einer Ehe- und Partnerschaftsberatung wird zum einen als „ich bin doch nicht klappsmühlenreif“ behandelt, zum anderen wurde sie gar nicht in Betracht gezogen, oder sie wurde wahrgenommen, hat aber nichts gebracht.

Beim Hinterfragen, warum sie nichts gebracht hat, wird zum einen der Berater als untauglich dargestellt, zum anderen stellt sich aber flugs heraus, dass eine konstruktive Beratung gar nicht durchgeführt werden konnte, weil sämtliche Versuche, die Differenzen beizulegen, von beiden Ehepartnern aus unter der Bedingung standen – und noch stehen – : Friede und Einigung bitte sehr, bitte gleich, aber nur zu meinen Vorstellungen und Bedingungen.

Auf diese Weise wird eine Partnerschaftsberatung zur Farce, kann nicht gelingen, weil keine Bereitschaft da ist, dem anderen zuzuhören. Jeder versucht den Berater auf seine Seite zu ziehen, damit geht das Kämpfen weiter. Die Chance, die Beratungssituation als „alles zurück auf Start, ich bin bereit, deine Position zu hören, ich bemühe mich, sie zu verstehen, mindestens zu respektieren" wird vertan. Schade! Ein Ehepaar, das in die Erstberatung gemeinsam kam und unbedingt die Adresse eines Mediators haben wollte, in der Hoffnung, die Probleme dort einvernehmlich zu lösen, hat dies mit der frustrierenden Aussage „zu Hause streiten ist billiger" treffend ausgedrückt.

Die Crux ist, dass streitende Ehepaare die Beratung oder auch Versuche, über den Anwalt eine Lösung zu erreichen, immer nur als Fortsetzung der Kämpfe mit fachlicher Unterstützung sehen.

Am Ende muss ein Sieg stehen, so wie man/frau ihn sich vorstellt. Nichts weniger. Jeder kämpft für das Richtige, der andere damit logischerweise für das Falsche. Dumm ist nur, dass der andere dies genauso sieht.

Die Partnerschaft täglich neu erarbeiten. Warum tun wir dies nicht? Nun, das ist so allgemein sicher provokativ, jeder bemüht sich schließlich im Rahmen seines Könnens und seiner Möglichkeiten. Aber das reicht eben oft nicht, weil der Rahmen unseres Könnens und unserer Möglichkeiten begrenzt ist, und zwar durch unsere Sichtweise.

Und diese kann erst recht begrenzt sein. Wenn wir den Herausforderungen des Lebens mit solchen Sichtweisen begegnen und wie ferngesteuert danach handeln, dann lassen wir Veränderungen, Bewegungen keinen Raum.

Wir leben nach vorgefertigten Mustern: So hat es zu sein, so hat es zu funktionieren. Ein Abweichen vom Fahrplan ist nicht drin. Unsere inneren Dialoge sind eingefahren. Wir nehmen uns keine Zeit zu stoppen, zu schauen, nachzudenken.

Fazit: Wir gehen nicht aufmerksam durch die Welt. Sicher, wir schauen nach links und rechts, wenn wir über die Straße gehen, aber bemerken wir wirklich, wo wir so gehen, wer uns begegnet, wer was wie tut?

In einem Seminar bat ich einmal eine Sekretärin nach einer Viertelstunde ein Buch hereinzubringen, anschließend fragte ich die Seminarteilnehmer, was die Dame wohl anhatte. Obwohl diese braune schulterlange Haare hatte, einen hellblauen Pulli und eine schwarze Hose, differierten die Beschreibungen von blond, weißer Bluse bis zu rotem Pulli und Rock. Nicht eine von circa 20 Teilnehmern beschrieb die Dame vollständig zutreffend. An dieser Stelle darf sich jeder mal kurz über die Qualität von Zeugenaussagen Gedanken machen, die dann auch noch Gerichtsverfahren entscheiden.

Wir agieren meist wie ferngesteuert. Wie sonst kann es sein, dass gute Vorsätze null Komma nichts verrauchen und in Vergessenheit geraten? Wir denken, dass wir im Alltag keine Handhabe haben, unser Leben zu führen, wir müssen funktionieren, abgesehen davon sind unsere Wünsche nach Veränderung so vergraben, dass wir gar nicht wissen, was genau wir uns wünschen, und das ist ein weiteres Hindernis.

Wir leben in selbst gesetzten Grenzen, Territoriumserweiterung ziemlich ausgeschlossen. Durch diese Vorstellungen erhalten wir Sicherheit und Kalkulierbarkeit, verlieren aber die Selbstbestimmung und das freie Denken und Handeln.

Wir bleiben statisch und ignorieren, dass das Leben permanentes Sich-Ändern ist. Wer sich vom Bewegungsfluss ausklammert, bleibt im Leben außen vor. Der Seufzer – das Leben geht an mir vorbei – drückt das treffsicher aus.

In Scheidungsverläufen wird oft mehr als deutlich, dass die Parteien nicht aus ihrer Haut konnten und können. Hinzu kommt, dass die Parteien nicht mehr miteinander sprechen können und/oder wollen. Und so wird sich oft hinter dem Anwalt „versteckt", der als Ersatzrederohr die vorgefertigte Sachverlaufsvorstellung durchsetzen soll, was einer Entwirrung des gordischen Knotens aber selten in befriedigender Weise dienlich ist.

Eigeninitiativen der Anwälte, konstruktive Lösungen anzudenken, scheitern oft schon vor Beginn, weil der Mandant sagt, alles schön und gut, aber Sie kennen meinen Partner nicht, mit dem geht das nicht, vergessen Sie`s.

Wir geben keine Chance, weder dem Partner noch der Situation, erst recht nicht uns selbst.

Es gibt hierzu eine sehr schöne Geschichte, die ich sinngemäß in einem Buch von Paul Watzlawick mit dem schönen Titel „Anleitung zum Unglücklichsein", erschienen im Piper Verlag München, fand. Sie handelt von einem Mann, der ein Bild aufhängen will und hierzu einen Hammer benötigt. Da er seinen eigenen Hammer nicht finden kann, will er sich von seinem Nachbar einen ausborgen. Er überlegt also, wie er diesen fragen wird, und stellt sich dann vor, wie der Nachbar sagt: „Nein, meinen Hammer leih ich dir nicht."

In dieser – durch nichts begründeten Vorstellung – gehen seine gesamten Körperzellen auf Alarm, und der Mann spinnt sich ein „nettes" Streitgespräch mit dem Nachbarn zusammen, in welchem er den Hammer einfordert, der andere es aber ablehnt, ihm den Hammer auszuleihen, was schließlich dazu führt, dass der Mann zum Nachbarn rennt, wutentbrannt klingelt, und als dieser ahnungslos die Tür öffnet, ihm entgegenschreit: „Dann behalten Sie doch Ihren blöden Hammer."

Egal, ob diese Geschichte wahr ist oder nicht, zeigt sie doch sehr schön, wie sehr wir uns Möglichkeiten verbauen, wenn wir felsenfest davon überzeugt sind, der andere werde auf eine bestimmte Weise reagieren.

Ich habe in der Praxis mehrfach erlebt, dass, wenn es mir gelang, den Mandanten zu überreden, wenigstens einen Versuch zu machen, die Gegenseite – nicht immer, aber ziemlich oft – durchaus aufgeschlossener reagiert hat, als prophezeit.

Und dann waren auch Lösungen möglich, die beidseitig akzeptiert werden konnten. Ich finde es auch immer wieder ermutigend, dass Lösungen relativ schnell herbeizuführen sind, wenn die Parteien merken, hier wird ihnen offen zugehört, denn das sind sie nicht gewohnt.

Zuhören und reden, oder umgekehrt. Eigentlich banal, und wahrscheinlich deswegen so vernachlässigt.

Womit wir zu der Frage kommen: Welchen Anteil hatte, hat die Zweisamkeit in einer Beziehung? Wir brauchen nicht lange zu rechnen. Wahrscheinlich den geringsten, was auch schon rein statistisch erwiesen ist. Die Zweiergespräche gehen hauptsächlich um Kinder, Geld, Haus, Beruf usw. usf., und nur selten um die zwei Partner, die miteinander reden. Schade, nicht?

Das Wichtigste, die Basis, wird einfach vergessen. Nach der Heirat betrachtet man die Zweisamkeit als so selbstverständlich, Gespräche darüber für überflüssig, so dass sie kein Thema mehr ist, weil mit der Heirat besiegelt, abgesichert, abgehakt, Akte geschlossen, Zeit gibt es hauptsächlich für neue Akten – Haus, Autos, Karriere, Reisen, Kinder etc.

Viele beklagen das bei der Scheidung. Es gibt also sehr wohl ein Bedürfnis, dies zu ändern, aber wir sind hilflos, wie wir es ändern sollen. Zwar werden wir erschlagen von Selbsthilfebüchern, die uns suggerieren, alles sei ganz einfach – natürlich nur mit der jeweiligen Methode – , aber derartige Trockenübungen begeistern nicht, und wir werden dadurch bestenfalls frustriert, dass wir wieder keinen Hebel gefunden haben, andere Denk- und Verhaltensweisen zu finden.

Wir bleiben nur dann an etwas begeistert „dran", wenn es uns Energie gibt. Doch woher die geeignete Methode nehmen und nicht stehlen? Und scheitert es nicht tatsächlich daran, dass der andere nicht mitmachen will bei dem neuen Schwung?

Hier wird Gemeinsamkeit oder Trennung zur Gratwanderung. Versöhnungen, Neuanfänge scheitern oft daran, dass wir erst begeistert den anderen ändern wollen, weil wir das Prinzip ja schon kapiert haben. Missionarischer Eifer hat aber noch nirgendwo dauerhaftes Glück gebracht, auch hier nicht.

Wir dürfen nicht Gefahr laufen, nun zu erwarten, dass der Partner freudestrahlend auf unsere neuen Ideen reagiert, denn damit ist unsere Erwartungshaltung gleich geblieben, geändert hat sich somit gar nichts. Und dem Druck, den wir mit unserer Erwartungshaltung auf den Partner ausüben, ist es völlig gleichgültig, wie edel und gut die Beweggründe dazu sind. Druck ist Druck.

Der Weg kann also nur sein: Weg vom Missionieren, weg von der Erwartung: Was krieg ich?, weg von der Frustration: Jetzt hab ich mich doch schon geändert und krieg immer noch nicht das, was ich will!, hin zu: Jetzt „sezier" ich mal meine Einstellung. Tut sie mir gut? Geht's mir gut?

Wenn wir immer nur auf die Familie, den Partner sehen und uns dabei selbstlos vergessen, kracht unsere Tempelanlage null Komma nix entzwei wie ein Billigglas in Tausende von Teilen. Und vor lauter Schutt- und Scherbenbeiseiteschaffen, was unerträglich lang dauern kann, kommen wir wieder nicht zum Nachdenken: Wo war der Punkt, an dem es zu bröckeln begann?

Der Punkt war, dass wir uns selbst vergessen haben. Wir sind unseren Vorstellungen, wie Beziehung zu sein hat, gefolgt. Und jetzt wird's gruslig. Von wem haben wir diese Vorstellungen übernommen? Von unseren Eltern?

Ich kenne fast niemanden, der sagt: So eine Ehe wie meine Eltern möchte ich führen. Tatsächlich schimpft fast jeder irgendwie über seine Eltern und übersieht dabei völlig, dass sich klammheimlich diverse abgelehnte Verhaltensmuster bereits eingeschlichen haben.

Es gibt, zumindest ist das in meiner Praxis so, viele Ehen, bei denen die Eltern und Schwiegereltern das Zepter mitschwingen. Und das betrifft nicht nur Fälle, in denen eine Firma im Familienbesitz ist und man hier noch halbwegs ein Einmischen der Firmenpatriarchen nachvollziehen kann. Nein, es „trifft" auch ganz normale Ehen. „Ödipussi" in Realität und in den unterschiedlichsten Varianten.

Wenn es uns nicht gut geht, haben wir nicht die Kraft für die tägliche Beziehungsarbeit. Selbstliebe wird aber oft mit Egoismus gleichgesetzt. Das ist totaler Unsinn, aber auch ein perfektes Kleinhalteargument. Sicher, wir sollen mit unserem Verhalten niemandem schaden, aber wer sagt eigentlich, dass wir das tun, wenn wir uns gleichstellen und an uns denken? Dem anderen geht dann doch häufig nur die Bequemlichkeit ab, sein Gefühl, immer die Nummer eins zu sein. Warum darf nur der Partner das haben und nicht auch wir?

Sicher kann Selbstliebe in Egoismus ausarten, das ist ja genau das, was wir in der Regel dem anderen vorwerfen. Wir kommen zu kurz, besonders wenn der andere der Ernährer der Familie ist, dann muss er gefühlskontenmäßig auch im Haus die Nummer eins sein. Ist ja nur gerecht, schließlich schafft er das Geld ran. Haben Sie sich erkannt? Vorsicht, nicht dass Sie auch als Scheidungsakte enden.

Das ist kein guter Weg: sich klein zu machen, sich mental hinten anzustellen. Es gibt übrigens immer noch Frauen, die in ihrem Leben noch keinen Überweisungsträger, Scheck oder Ähnliches ausgefüllt haben. Machen schließlich alles die Männer. Diese Unmündigkeit ist gezüchtet, nicht nur von den Männern, sondern auch von den Frauen, die vertrauensselig jeglichen Papierkram abgeben. Und wenn sie es dann plötzlich können sollen, stehen sie schön da.

Also, wie machen wir das mit der Selbstsorge?

5

Der Kinder Glück und Unglück

Unsere Kinder sind nicht „unsere" Kinder. Sie sind ebenso wenig unser Eigentum, wie unser Partner oder unsere Partnerin unser Eigentum sind. Kinder haben ihr eigenes Leben.

Wir dürfen eine Weile für sie sorgen, sie sind uns eine Weile anvertraut. Wir dürfen sie großziehen und wir dürfen ihnen so lange ein Zuhause geben, bis sie in der Lage sind, ihre eigenen Wege zu gehen und ihr eigenes Zuhause zu schaffen.

Sie haben das Recht auf ihren eigenen Weg, und wir haben nicht das Recht, ihnen diese Wege zu beschneiden oder gar vorzuschreiben.

Unsere Aufgabe als Eltern besteht ausschließlich darin, unsere Kinder für ihren eigenen Weg fit zu machen. Dabei sollten wir ihnen nicht unbedingt als Vorbild dienen, denn dazu sind wir nur höchst selten geeignet.

Was empfinden Sie bei diesen Zeilen? Können Sie den Inhalt so akzeptieren oder regt sich schon beim Lesen heftiger Widerspruch in Ihnen?

Schließlich tun Sie doch alles für Ihre Kinder und wollen, dass es ihnen gut geht. Sie wollen ihnen vieles ersparen, ja, Sie wollen sogar, dass es ihnen einmal besser geht als Ihnen.

Absolut in Ordnung, wenn … , ja, wenn Sie nicht auch noch den Maßstab mitliefern wollen, wann es Ihren Kindern einmal besser geht und wann nicht. Absolut in Ordnung, wenn dieses „Bessergehen“ nicht unbedingt ganz und gar nach Ihren Vorstellungen abzulaufen hat. Ihre Kinder haben ein Recht darauf, ihre eigenen Vorstellungen zu verwirklichen, ob Ihnen das nun passt oder nicht.

„Werde bitte glücklich – aber genau so“ ist in meinen Augen so etwas wie Nötigung, vor allem dann, wenn sie mit finanziellen Anreizen verbunden wird, was nicht selten geschieht.

„Das Jurastudium finanziere ich dir gerne, damit hast du etwas in der Hand für dein Leben, mit der von dir favorisierten Literaturwissenschaft kannst du in deinem Leben nicht viel anfangen, daran beteilige ich mich nicht.“

Einfach nur fürsorgliche Überlegungen oder nicht doch so etwas wie Erpressung? Dass es unglückliche Juristen und sehr zufriedene Literaturwissenschaftler geben kann, bleibt meist außerhalb der Überlegungen. Aber wenn Sie wollen, dass es Ihren Kindern einmal besser geht, dann sollten Sie doch in erster Linie wollen, dass Ihre Kinder glücklich sind.

Wenn jemand am Ende seines Lebens von Herzen danke sagen kann, wenn er sagen kann, dass er glücklich und zufrieden gelebt hat, wenn er alles noch einmal genau so machen würde, bei denselben Eltern aufwachsen, denselben Beruf ergreifen und vielleicht sogar denselben Partner heiraten würde usw., dann ist diese Lebensbilanz doch nicht zu verbessern.

Wie würde in diesem Sinne eigentlich Ihre eigene Lebensbilanz ausfallen? Wie würde die Bilanz Ihrer Kinder ausfallen, wenn Sie das Privileg hatten, Kinder großziehen zu dürfen. Bitte ehrlich!

Wenn Sie in Ihrer eigenen Bilanz feststellen müssten, dass Sie vieles nicht noch einmal so machen würden, aber auch gleichzeitig feststellen müssen, dass Sie es jeden Tag immer noch so machen, dann müssten Sie doch spätestens jetzt etwas verändern. Warum tun Sie es dann nicht?

Der edle Wunsch, dass die Kinder es einmal besser haben sollen, ist in den meisten Fällen nichts anderes als das Alibi dazu, im eigenen Leben nichts ändern zu müssen oder ändern zu können.

Selbstbetrug! Sie können! Sie glauben nur, dass Sie nicht können, und Ihr Verstand hält dazu mit Sicherheit eine ganze Menge sehr vernünftig anmutender Argumente bereit, und sei es das überaus beliebte Nonsensargument, dies schließlich alles nur für Ihre Kinder zu tun. Vielleicht sogar eine Partnerschaft durchzustehen, die längst keine mehr ist und nur noch als Kampfplatz bezeichnet werden kann.

Aber die Kinder sollen es ja einmal besser haben. Nur, wo sollen die das eigentlich lernen? Besteht deren Lernerfahrung nur darin, um Gottes willen nicht das machen zu wollen, was ihre Eltern ihnen vorgelebt haben?

Wenn Sie wollen,
dass es Ihren Kindern gut geht,
sorgen Sie zunächst einmal dafür,
dass es Ihnen gut geht.

Denn nur, wenn es Ihnen gut geht, können Sie dieses Gutgehen weitergeben. Nur wer etwas hat, kann etwas geben. Sorgen Sie also dafür, dass Sie haben – und zwar reichlich –, denn dann können Sie umso reichlicher weitergeben.

Oft höre ich in meiner Praxis jemanden sagen, dass er sich für seine Kinder „aufgeopfert" hat. Ich frage dann immer, wie er das gemacht hat, ohne darauf jemals eine schlüssige Antwort bekommen zu haben. Er sitzt ja noch vor mir. Wenn er sich tatsächlich „aufgeopfert" hätte, könnte er ja nicht mehr da sein.

Selten geschieht dieser Opferwahn völlig erwartungslos. Wenn man sich schon aufgeopfert und alles gegeben hat, dann sollten die Kinder doch wenigsten dankbar dafür sein. Also wieder so ein kleines Gegengeschäftchen, wie wir es schon einmal bei unserem Thema Liebe festgestellt haben.

Ein direkter oder auch indirekter Druck lastet auf den Kindern. Vater oder Mutter haben doch immer alles nur für uns getan, wir können und dürfen sie doch jetzt nicht enttäuschen. Besonders Mütter verfügen über die hohe Kunst, einen indirekten Druck auszuüben: *„Hauptsache, ihr habt Freude und es geht euch gut – um mich müsst ihr euch ja jetzt nicht mehr kümmern."*

Die Kinder sollten es doch besser haben, aber wehe, sie haben es nun besser und lassen mich nicht daran teilnehmen. Wie undankbar! Aber darf ich Sie daran erinnern: Liebe will nichts für sich selbst, sie ist an keine Gegenleistung gebunden.

Aber es sind doch „meine Kinder", könnte man nun sagen. Verzeihung, damit sind wir wieder bei den Irrtümern, die ich eingangs des Kapitels aufgezeigt habe. Es sind nicht „unsere" Kinder. Über unser Eigentum können wir frei verfügen, über unsere Kinder nicht! Auch nicht über den etwas scheinheiligen Versuch der Aufopferung.

Wenn Sie nun für sich selbst feststellen müssen, in Verstrickungen der geschilderten Art zu stecken, gleichgültig, auf welcher Seite des Spiels Sie dabei stehen, müssen Sie diese Verstrickung schleunigst lösen oder Sie bleiben in der Unfreiheit.

Die juristische Betrachtung

Rachegefühle. Das sind partiell nachvollziehbare, aber in erster Linie Tunnelblick fördernde Gefühle, die gerade in Sorge- und Umgangsrechtauseinandersetzungen ziemlich hemmungslos und stur ausgelebt werden.

Vordergründig orientiert sich jedes Verhalten am Kindeswohl. Man weiß, wie man sich darstellen soll. Rachegefühle sind offiziell nicht zeitgemäß, daher erfolgt die Umsetzung subtil, positiv ausgedrückt: raffiniert, tricky, realistischer (juristischer) ausgedrückt: heimtückisch.

Die Verstellungskünste vor Gericht sind groß, die Zeit dort knapp bemessen. Eine gute Show hat schon oft zu krassen Fehlurteilen geführt. Unter dem Deckmantel „dem Kind nur das Beste" wird hier Familienrecht mit Sachenrecht verwechselt und vertauscht. Mein Kind, mein Spielzeug, mein Besitz, mein Recht.

Man kann sehr leicht den Überblick verlieren. Wer macht wann was? Wird das Kind nun von der Mutter als Druckmittel wegen Unterhalt oder als Bestrafung für entzogene Zuneigung benutzt, entdeckt der Vater seine „Rechte", seine „Besitzansprüche", gibt er wettbewerbswidrig den Supersonntagspapi oder dreht er den Geldhahn absichtlich zu?

Wir beschäftigen uns nicht mit den tatsächlichen Härtefällen wie Kindsmissbrauch und Kindsvernachlässigung, sondern mit „Otto-Normal-Verbraucher-Handeln" in seinen Alltags-Facetten. Und gerade dies ist alles andere als harmlos. Statt die Probleme mit dem Partner zu lösen, lösen wir lieber die Probleme des Kindes mit dem Partner, die allerdings auf diese Weise erst entstehen und die es ohne uns – so zumindest – nicht hätte.

Das ist auch alles Ausdruck besonderer Hilflosigkeit. Und wenn man sich selbst hilflos fühlt, will man den anderen auch hilflos machen, was immer sehr gut geht, wenn man das Kind auf die eigene Seite zieht und dem anderen damit entzieht.

Einer fängt an, der andere zieht in die andere Richtung. Mit der wirklichen Liebe wie die der vor Salomon stehenden Mutter, die auf dessen Schlichtungsvorschlag – „teilt das Kind" – ihr Kind sofort losließ, hat das alles nichts zu tun.

Und dann muss man/frau natürlich das Kind vor dem bösen, unzuverlässigen Partner schützen, heiligste Pflicht sozusagen, sonst tut das ja niemand. Weder das Jugendamt, denen eh der Friede-Freude-Eierkuchen-Glamour anhaftet statt der Aura tatkräftiger Unterstützung, noch die Gerichte, die eben showhineinfallgefährdet sind.

Der vermittelnde Ansatz der Behörden ist nicht falsch, er entspricht nur nicht den Erwartungen streitender Eltern, die Genugtuung bekommen wollen. Lösungen sind zweitrangig, was man unschwer am Sezieren der Vorschläge ersehen kann. Ein Haar in der Suppe lässt sich immer finden.

Wir meinen zu wissen, was gut für unser Kind ist. Woher nehmen wir diese Kompetenz, zumal uns diese in eigener Sache mehr als öfter abhanden kommt? Wenn wir für uns so kompetent wären, wie wir es für andere zu sein meinen, was suchen dann die ganzen nicht so glücklichen Ereignisse in unserem Leben?

Wir alle – wer eine Ausnahmeerscheinung kennt, erhält einen Preis – reagieren auf die elterliche Ankündigung, unser Bestes zu wollen, höchst allergisch. Wir wissen ganz genau, für wen hier das Beste gewollt wird. Und so verhält es sich auch mit unserem Nachwuchs. Der ist genauso schlau. Der weiß auch bzw. erspürt, dass das Beste etwas Grottengefährliches ist, was auf seine Kosten gehen soll.

Das „Beste" greift ganz gravierend in die Rechte der Kinder ein, hauptsächlich in das Recht auf Umgang mit dem anderen Elternteil. Nur weil uns der Partner das „Recht" streitig macht, ein „Recht" auf ihn zu haben? Krieg ich dich nicht, kriegst du das Kind nicht, Aug um Aug, Zahn um Zahn, Verlust gegen Verlust.

Kinder können da nicht wirklich heil herauskommen. Sie werden, so hart das klingt – aber dass muss es auch, weil es nicht hilfreich ist, das Thema schönzureden – in ihrem Verhalten genauso manipulativ, intrigant, unklar, unehrlich, verantwortungslos. Und da ist gar kein böser Wille dahinter, sondern einfach Überlebenstrieb, anderes Verhalten kennen sie ja nicht.

Kinder wollen geliebt werden. Von BEIDEN Eltern. Das Schlimmste, was man ihnen antun kann, besteht darin, den anderen Partner vor dem Kind schlecht zu machen.

Was soll das Kind davon halten? Es weiß, die Eltern hatten sich doch mal lieb. Und was folgert es? Liebe ist unberechenbar, unbeständig, von Bedingungen, von Leistungen abhängig. Liebe ist ein Instrument, wenn's nützt, benutz ich's, wenn's nicht nützt, werf ich's weg, mit Liebe kann ich prima manipulieren und außerdem ist Liebe schwach, Rache und Hass sind viel stärker. Liebe ist berechnend und lästig, besonders wenn sie den anderen Elternteil betrifft. Ein Beziehungsbild, von dem man bis ins hohe Alter zehrt, vor dem man kapituliert.

Ein paar Abschreckungsbeispiele.

Beispiel: Wie mache ich meinen Partner fertig, 1. Teil

Sie verlässt ihn, was für ihn einer Gotteslästerung gleichkommt. Nach seinen Trennungsablaufvorgaben soll die Mutter das gerade begonnene Studium abschließen, für das Kind sorgt er, selbstverständlich kriegt sie es hinterher wieder. Soweit der Plan und der Glaube der Mutter, in Realität kam statt Kind die Aufforderung, Unterhalt zu bezahlen, das Studium war schließlich erfolgreich abgeschlossen. In der Folge konnte der Umgang nicht streitiger sein. Und was machte das Kind? Es erzählte jedem Elternteil, was er hören wollte. Und das war: Natürlich will ich bei dir bleiben. Bei dem anderen geht's mir nicht so gut.

Die Mutter glaubte, ging das Sorgerechtsverfahren an. Bis zur Mitteilung der Tochter, der Vater sei todkrank, sie könne ihn nicht allein lassen. Der Vater lebt heute noch, wie man in Bayern so schön sagt, pumperlgsund.

Beispiel: Wie mache ich meinen Partner fertig, 2. Teil

Er verlässt sie. Er hat eine Neue. An einem Umgangswochenende fährt der Vater mit den zwei Kindern in einen Kurzurlaub. Es wird gecampt. Überraschungsgast: die Neue. Im gemeinsamen Vier-Mann-Zelt werden Pläne entworfen, wie wunderschön das Leben zu viert sein wird, selbstverständlich ohne die lästige Mutter. Die ist sowieso nicht geeignet, die Kinder richtig zu erziehen. Die Mutter hetzt gegen diesen Überraschungscoup. Was machen die Kinder? Sie erzählen jedem Elternteil, was er hören will. Ansonsten wissen die Kinder nicht, was sie tun sollen, daher tun sie alles und nichts, aber das intensiv. Leistungsabfall in der Schule, Aggressivität, ein Fall für die Sonderpädagogen.

Beispiel: Wie mache ich meinen Partner fertig, 3. Teil

Die räumliche Trennung ist vollzogen. Er arbeitet, sie bleibt Hausfrau, die Kinder sind zu klein, sie muss noch nicht arbeiten. Der Umgang wird immer wieder kurzfristig abgesagt, die Zeiten verlegt, die Kinder sind „spontan" krank oder sie haben „spontan" was anderes vor, zum Beispiel eine Geburtstagsfete, die bekanntermaßen in der Regel mit kurzfristigster Einladung kommt, der Vater könne aber die Kinder heute spontan zwischen 15.00 Uhr und 16.00 Uhr haben – dass er hierfür arbeitstechnisch nicht in der Lage ist, wird ignoriert. Wenn er mit seinen Kindern Kontakt haben will, kann er seine Arbeit verschieben, Kinder sind das Wichtigste auf Erden, daher muss er allzeit bereit sein. Wenn er die überraschend eingeräumten Umgangstermine nicht wahrnehmen kann, ist das doch nur wieder ein feiner Beweis, ihm zu attestieren, dass er eigentlich gar kein Interesse hat und mit seinen sonstigen Umgangsvorstellungen nur gängeln will.

Sie steckt eine Menge Energie in das Thema, ihm zu beweisen, wie schlecht er besonders das Kleinkind versorgt. Er wird mit detailliertesten Wickel-, Schlaf- und Füttervorgaben traktiert, die geringfügigste Abweichung von diesen Vorgaben führt unweigerlich zu Kontaktentzug, schließlich müssen sich die Kinder von diesem Vergehen erholen. Und wie lange das dauert, das bestimmt das Wohlergehen der Kinder. Und das braucht Zeit. Wir melden uns, wenn's uns wieder gut geht.

Was machen die Kinder? Die fragen ihren Vater: Was hast du mir mitgebracht? und ihre Mutter: Was will der fremde Mann?

Beispiel: Wie mache ich meinen Partner fertig, 4. Teil

Ein geschiedenes Ehepaar macht jährlich Sommerurlaub im selben Urlaubsland. Der gemeinsame Sohn soll dort vor Ort übergeben werden, damit der Urlaub hälftig aufgeteilt ist. Klappt, wenn der Vater das Kind in der ersten Hälfte hat, klappt nicht, wenn die Mutter die erste Hälfte hat. Dann wird das Handy abgestellt und dem Kind erzählt, Papi will dich nicht. Vorgeschichte: Die Frau war krebskrank, wurde unbestritten aufopferungsvoll von ihrem Mann gepflegt. Einige Zeit danach hatte er doch eine neue Freundin. Was macht das Kind? Es zieht sich zurück. Ein harmloser Satz, aber einer mit Sprengkraft.

Was lösen diese Beispiele bei Ihnen aus? Für welche Person haben Sie Partei ergriffen? Haben Sie das Verhalten oder die Personen bewertet, verurteilt? Haben Sie versucht zu verstehen, zu sehen, was die Eltern wirklich meinten, was hinter dem Handeln steht? Glauben Sie, dass sol-

che Fälle – und das sind keine Ausnahmefälle – sich schnell und einfach lösen lassen, beispielsweise durch die Hilfe von Paragraphen, durch ein Machtwort in Form eines Urteils?

Es ist schwierig, von außen zu urteilen. Nicht nur für Sie, sondern auch für Gerichte, die immer nur einen Teilbereich der Geschichte, von den Anwälten der Eltern aufbereitet, präsentiert erhalten, erhalten können. Allerdings hat man schon erkannt, dass dies nicht immer mit den Interessen der Kinder gleichzusetzen ist. So gibt es mittlerweile Möglichkeiten, auch den Kindern Anwälte oder Beistände beizuordnen. Im Beispielfall eins wurde das so praktiziert, der Regelfall ist das allerdings nicht.

Nach wie vor gilt, dass Kinderanhörungen bestmöglich vermieden werden sollen, es belastet die Kinder. Sicher, aber es belastet auch die Rechtsfindung, wenn psychologisch nicht ausgebildete Richter in circa einer halben Stunde herausfinden sollen, was das Kind nun will, was ihm gut tut, ob es instruiert ist oder nicht.

In der Regel wird nach Eingang entsprechender Anträge das Jugendamt eingeschaltet, dann als nächste Stufe ein Institut, das ein Gutachten erstellt. Wenn man sich nicht einigt, gibt es ein Urteil, das allerdings umgesetzt, durchgesetzt werden müsste.

Und um Sie vielleicht diesbezüglich auch vollständig zu desillusionieren: Was nützt ein Umgangsrechttitel, wenn er nicht eingehalten wird? Komme ich dann wirklich mit dem Gerichtsvollzieher und hole das Kind ab, tu ich ihm das auch noch an?

Wenn wir die Kinder in Scheidungsauseinandersetzungen thematisieren, instrumentalisieren, tun wir den Kindern was an. Wir tun uns was an. Die Hilflosigkeit geht ja weiter, das stoppt ja nicht, für viele ist nach dem Urteil vor dem Urteil. Theoretisch kann ich mich jahrelang mit Umgangsrechtfragen auseinandersetzen, und das tun auch viele.

Kinder wollen geliebt werden. Und mit uns ist das nicht anders. Wir wollen auch geliebt werden, wir wollen verstanden werden. Sich verstehen heißt ja nicht, mit allem einverstanden zu sein. Da kommt uns unsere Schwarz-Weiß-Denke in die Quere.

Der gute Wille, das Wohlwollen dem anderen gegenüber, die Fähigkeit, die Interessen des Kindes nicht durch eigene zu ersetzen, zu überlagern, das fehlt in den streitigen Auseinandersetzungen oft. Wir lassen uns von den Emotionen überrollen und missverstehen das Thema Verantwortung gründlich. Wenn man überzeugt ist, im Interesse des Kindes so und nicht anders handeln zu müssen, muss zuallererst eines geleistet werden: Trennungsarbeit, und zwar Trennung zwischen einem selbst und dem Kind, nicht dem Partner. Klar, wenn das Kind sehr klein ist, bestehen andere Fürsorgepflichten als bei einem älteren – ein Amtsrichter thematisierte mal die Gefahr bei fast 18-jährigen Kindern, in den ungesicherten Goldfischteich zu fallen und zu ertrinken – aber, Hand aufs Herz, ist mein Partner wirklich so unfähig, sich um das gemeinsame Kind zu kümmern? Nur weil er es anders tut?

Was schieben wir da vor, wo wir nicht hinsehen wollen? Dabei wäre einfach die Fähigkeit gefragt, Vorwürfe nicht als Vorwürfe zu retournieren, sondern dem Partner das zu geben, was man selber gerne hätte, wirkliches Zuhören, die Bereitschaft, die Dinge auch aus seiner Sicht wahrzunehmen, seine Verletzungen zu hören.

Das wird sicher nicht gleich mit dem Prädikat „pädagogisch wertvoll" geschehen, aber eine Verletzung kommt nicht aus heiterem Himmel, nicht nur dann, wenn der andere eine nicht erfüllte Erwartung hat, sondern auch dann, wenn ich vorher einen Beitrag gesetzt habe. Einen Beitrag, der den anderen nicht hat so sein lassen, wie er ist. Also genau das, was wir für uns beanspruchen. Nichts anderes. Eigentlich simpel, und doch so schwer.

Wir sprechen gerne von Kinderfreundlichkeit, sind gegen Kinderarmut, Gewalt gegen Kinder, wollen das Schulessen, die Schule, die Startbedingungen verbessern – aber wie schaut die Praxis aus?

In Notsituationen vergessen wir alles, das Kind wird zwangssolidarisiert. Wir formen uns kleine Mamis und Papis, ohne Rücksicht auf Verluste. Das ist nicht kinderfreundlich, das ist Gewalt, psychische, aber nicht unbedingt weniger schlimm als physische. Kinder sind keine Knetmasse. Wir sollten solches Handeln überdenken.

Keine Missverständnisse! Es tut weh, wenn das Kind den nicht mehr anwesenden Partner vergöttert, ihn als leuchtendes Beispiel vorhält, auch wenn das nur erfolgt, wenn es bei uns was nicht kriegt.

Aber genau da liegt unsere Verantwortung, da liegt die größte Herausforderung. Unsere Probleme sind unsere Probleme, nicht die des Kindes.

Das Kind darf den anderen Elternteil lieben. Uns soll es doch auch lieben.

Wie oft sagt ein Kind bei der Richteranhörung, es versteht den Streit nicht, es hat doch beide lieb. Und glauben Sie mir, die Liebe eines Kindes reicht für beide Eltern. Da können wir eine Menge lernen. Das Kind will sie beide, es geht nicht darum, beide Elternteile gegeneinander auszuspielen. Es geht um ein Miteinander in anderer Form. Es geht um das Wahrnehmen veränderter Liebe. Um auch etwas Positives über Scheidungsfälle zu sagen: Es schaffen erstaunlich viele Familien, freundschaftlich füreinander da zu sein. Es geht. Nicht immer gleich, nicht immer perfekt, aber das muss es ja auch nicht. Nichts ändert sich permanenter als Beziehungen. Juristen sind hier eigentlich fehl am Platz, sie können nur Rahmenbedingungen schaffen, leben müssen wir selber.

6

Partnerschaft und Sexualität

Wir können nicht über eine enge Partnerschaft zwischen zwei Menschen reden und dabei das Thema Sexualität außer Acht lassen. Auch über Sexualität muss man reden können, obwohl gerade dies bei den meisten Paaren ein großes Problem ist. Sie erwarten zwar etwas vom Partner oder der Partnerin, aber sie reden nicht mit ihm oder ihr darüber, und so bleiben die „un"-ausgesprochen Erwartungen meist auch „un"-erfüllte Wünsche. Aber dazu kommen wir später.

Zunächst etwas ganz Grundsätzliches:

Unsere Sexualität ist Teil der göttlichen Schöpfung, und Gott hat nichts Falsches oder gar Anrüchiges geschaffen, über das man besser nicht sprechen sollte. Wir müssen Gott nicht korrigieren!

***Wir dürfen unsere Sexualität leben,
wir dürfen dazu stehen,
wir müssen sie weder verheimlichen
noch verstecken,
noch müssen wir uns ihrer schämen.***

Sexualität ist einer unserer mächtigsten Antriebe, sie ist eine der mächtigsten Energien, die uns umtreiben. Ohne diesen gewaltigen Antrieb würde die Menschheit aussterben, was im Übrigen ebenso für die gesamte Tierwelt gilt.

Sexualität hat also durchaus eine ganz elementare Bedeutung. Sie ist nicht nur zu unserer Lustbefriedigung geschaffen, kann und darf aber ebenso lustvoll sein, wie das ganze Leben lustvoll sein kann und darf.

Wir sind nicht hier, um zu leiden.

Wenn wir leiden, haben *wir* etwas falsch gemacht, nicht Gott oder irgendein undurchschaubares Schicksal. Der leidvolle Weg steht für uns immer nur dann an, wenn wir uns dem Weg des freiwilligen Lernens durch Erkennen verschlossen haben.

Leid ist so etwas wie eine unsanfte, aber notwendig gewordene Wegkorrektur. Leid hat einen Sinn.

Es ist nicht immer leicht für uns, diesen hinter dem Leid stehenden Sinn zu erkennen. Aber gehen wir zurück zu unserem Thema.

Sexualität nur zum Zweck der Zeugung, im Dunkeln und unter der Bettdecke entspringt einer absolut sexualfeindlichen Einstellung, die leider immer noch nicht ganz der Vergangenheit angehört. Was hätten wir da eigentlich vor uns selbst, vor unserem Partner oder unserer Partnerin in Dunkelheit zu tauchen? Was darf da keiner sehen oder von uns wissen?

Diese Frage gilt durchaus für den körperlichen wie auch für den geistig-seelischen Bereich. Es gibt da nichts Schlechtes, Ekeliges oder gar Sündiges. Erst unsere Bewertung macht es dazu, und unsere Bewertung entspringt immer den Konditionierungen, denen wir ausgesetzt waren.

Wie alles in dieser göttlichen Schöpfung können wir auch die Sexualität für uns oder gegen uns wirken lassen. Es kommt allein darauf an, wie wir damit umgehen.

Für uns, wenn sie ihr Fundament auf der geistig-seelischen Ebene hat, gegen uns, wenn sie uns auf die primitive Ebene der Tiere zieht.

Eine Sexualität, die der geistig-seelischen Ebene entspringt, die etwas mit tiefer Liebe zwischen zwei Menschen zu tun hat, die auf dem in unserem irdischen Leben leider unerfüllbaren Wunsch des Einsseins und Verschmelzens basiert, kann an die geistige Schwingung eines göttlichen Schöpfungsaktes heranreichen.

In einer solchen Sexualität gibt es dann tatsächlich so etwas wie den Moment eines totalen Verschmelzens, gibt es dann tatsächlich so etwas wie den Moment des Einsseins, der das Getrenntsein des Du und Ich aufheben kann.

Leider nur für einen sehr kurzer Moment, bis wir dann doch wieder in die unvermeidliche Realität des Du und Ich zurückgeworfen werden, das sich dann aber ein wenig verändert hat. Aus meiner Praxis weiß ich, dass leider nicht alle Menschen diese Erfahrung in einer Partnerschaft jemals machen werden oder gar schon gemacht haben.

Zu viele Barrieren verhindern die entscheidende Öffnung, zu viele Barrieren verhindern das entscheidende Loslassen. Der Verstand kann und will die Kontrolle nicht aufgeben.

Unser geistiges Ich, die göttliche Seele, die diesen Körper für eine relativ kurze Zeit belebt, kommt aus der All-Einheit der unbegrenzten Ebene, um auf dieser Erde eine bestimmte Erfahrung zu machen.

Diese Erfahrung zu machen ist der Sinn unseres Lebens. Deshalb sind wir hier und diese Erfahrung ist auch das Einzige, was wir von dieser Erde mitnehmen. Alles andere bleibt hier, gleichgültig, was wir im Laufe der Zeit so alles angesammelt haben.

Auf dieser Erde herrscht das Prinzip der Polarität und damit auch des Du und Ich. So können wir die tief in uns verwurzelte Erfahrung des All-Einsseins aus der geistigen Ebene auf dieser Erde nicht in gleicher Weise verwirklichen. Das heißt, die Erfahrung und die Sehnsucht danach ist zwar tief in uns verwurzelt, wir können auch mit aller Macht danach streben, aber wir werden diese Dimension in unserem irdischen Sein niemals dauerhaft verwirklichen können, sondern, wie ich schon gesagt habe, z.B. höchstens einmal für den sehr kurzen Moment einer körperlichen und seelischen Vereinigung, die alle Grenzen verschwimmen lässt.

Natürlich kann uns das Erlebnis des Alleinseins auch durch die Gnade der Erleuchtung, durch tiefe Meditation und dergleichen zuteil werden, aber auch dies ist nicht dauerhaft und auch hier nicht unser Thema.

Der Wege gibt es viele, das Ziel ist immer das gleiche, und spätestens mit dem Ende unseres körperlichen Seins gehen wir ohnehin wieder in die All-Einheit zurück. Also keine Panik! Es brennt nichts an! Wir können nichts versäumen.

Eine Sexualität, die der geistig-seelischen Ebene entspringt, kann uns also tatsächlich erhöhen. Eine solche Sexualität schafft eine tiefe Verbindung zwischen zwei Menschen. Sie kann uns verschlossene Tore zumindest für einen kurzen Moment öffnen.

Sexualität, die hingegen nichts als eine reine Triebbefriedigung darstellt, die aus nichts anderem als ungezügelter Geilheit entspringt, kann uns dagegen erniedrigen. Sie wirft uns auf die Ebene der Tiere zurück.

Der Körper ist befriedigt, die Seele – Verzeihung, wenn ich diesen leider etwas überstrapazierten Ausdruck verwende, man soll sie ja sogar baumeln lassen können – bleibt unbefriedigt. Es bleibt nichts als ein schales Gefühl, das dann meist mit immer neuen Techniken, auch außerhalb der Partnerschaft, mit dem nächsten Partner, der nächsten Partnerin oder gar in einer Gruppe oder dergleichen Befriedigung sucht.

Eine solche Sexualität erniedrigt uns. Sie entfernt uns vom Einssein, sie ist rein ichbezogen, das Du bleibt austauschbar und hat lediglich die Funktion, das Ich zu befriedigen.

Was ich hier aufgezeigt habe, entspringt der Polarität der Schöpfung Erde, in der wir uns bewegen. Auf dieser Erde hat alles zwei Pole, nichts existiert ohne den Gegenpol, und beide Pole sind immer nur die extremen Enden ein und derselben Sache. Auch Liebe und Hass sind z.B. nichts anderes als die extremen Pole einer zwischenmenschlichen Beziehung.

Wir wissen, wie schnell z.B. Liebe in Hass umschlagen kann. Vielleicht haben Sie auch schon einmal erlebt, wie sich zwei Menschen, die sich eben noch in hasserfülltem Streit gegenüberstanden, plötzlich wieder in die Arme fallen oder umgekehrt. Extreme zwar, aber entscheidend ist allein, dass sie möglich sind.

Je weiter wir uns auf einer bestimmten Seite der Polarität bewegen, desto unruhiger verläuft unser Leben. Je mehr wir uns in der Mitte einer Polarität bewegen, je mehr wir in der Balance bleiben, desto ruhiger und ausgeglichener verläuft unser Leben.

Zwischen den beiden extremen Enden einer Polarität gibt es in der Mitte so etwas wie einen ruhenden Pol, der von Schwankungen unerreicht bleibt, der uns in unserer Mitte sein lässt.

Liebe kann uns ebenso zerreißen und aufzehren, wie Hass uns zerreißen und aufzehren kann.

Wenn Sie das von der Liebe nicht glauben können, lesen Sie einfach noch einmal das Kapitel über Liebe, wo ich Khalil Gibran zitiert habe. Wie sagt er doch so treffend: *Sie drischt dich, um dich nackt zu machen. Sie siebt dich, um dich von deiner Spreu zu befreien. Sie mahlt dich, bis du weiß bist, und dann weiht sie dich in ihrem heiligen Feuer, damit du heiliges Brot wirst für Gottes heiliges Mahl.*

Mit Liebe meine ich also nicht das Liebesgetue einiger esoterischer Schwärmer, wonach wir uns alle nur noch lieb haben und die ganze Erde mit Liebe umfangen. Wenn man hinter die Kulissen dieser Schwärmer schaut, praktizieren sie meist das genaue Gegenteil, und auch dies hat dann wieder etwas mit der Polarität zu tun.

Was ich im Außen so deutlich demonstrieren muss, habe ich meist im Inneren nicht vollzogen. Der hermetische Lehrsatz aber heißt „wie innen, so außen“. Was ich im Inneren vollzogen habe, muss ich im Äußeren nicht demonstrieren. Es strahlt sowieso aus mir heraus.

Gehen wir zurück zu unserem Thema: Nicht immer mündet eine körperliche Vereinigung in die geistige Schwingung eines göttlichen Schöpfungsaktes, auch dann nicht, wenn zwei Menschen sich wirklich inniglich lieben und dieses Einssein erreichen möchten.

So etwas wäre schon allein physisch nicht möglich, denn jeder Mensch ist jeden Tag anders. Wir sind keine Automobile, die vom Band laufen, bei denen man einfach den Zündschlüssel herumdreht, den Motor startet und den Gang einlegt.

Wir sind mal mehr und mal weniger gut drauf, haben mal Lust oder mal keine Lust, mal suchen wir Nähe und mal möchten wir uns lieber in unsere Höhle zurückziehen und alleine sein, was das Zusammenleben zwischen zwei Menschen nicht unbedingt einfacher macht, denn nicht immer sind solche Stimmungslagen bei beiden Partnern gleich, und darüber zu reden gelingt leider nur selten.

Ein unwirsch gemurmeltes „lass mich in Ruh“ ist dann bei vielen oft schon der Höhepunkt der Kommunikation. Aber auch dafür müssen wir dann Verständnis haben. Hätten wir z.B. jeden Tag so etwas wie ein Erleuchtungserlebnis, würden wir vermutlich in der Psychiatrie landen. Wir wären für die Welt nicht mehr erreichbar und die Welt wäre für uns nicht mehr erreichbar. Wir wären im wahrsten Sinne des Wortes ver-rückt.

Der Grad möglicher Irritationen in der Sexualität steigt mit dem Stellenwert, den wir der Sexualität beimessen. Geschieht sie einfach, wenn beide dazu bereit sind, oder ist sie etwas, was man einfordern kann, auf das man ein Anrecht hat, egal, wie der Partner oder die Partnerin das im Moment empfindet?

***Es ist nicht entscheidend,
dass der Samen sich ergießt.
Entscheidend ist, dass die Seelen sich
ineinander ergießen.***

Geschieht Sexualität lediglich zur reinen Triebbefriedigung, trennt sie uns voneinander. Wenn der Trieb befriedigt ist, ist damit auch die Anziehung des Partners oder der Partnerin erloschen. Die Zigarette danach ist dann meist anziehender.

Nun sind Männer bei der Problemstellung einer innerlich nicht mitgetragenen und nicht gewollten Sexualität meist etwas im Vorteil. Wenn ein Mann nicht will, dann will er nicht und in der Regel kann er dann auch nicht. Es kommt zu keiner Erektion.

Wenn eine Frau nicht will, stellt sich das schon etwas schwieriger dar, und nicht selten nutzt der Mann seine körperliche Stärke, um letztlich seinen Willen durchzusetzen. Aber dazu hat meine Co-Autorin, Frau Elsdörfer, in ihren Kommentaren sicher einiges zu sagen.

***Sexualität gehört zur Partnerschaft
zwischen zwei Menschen,
aber sie kann und darf niemals das
Fundament einer Partnerschaft sein.***

Ein solches Fundament ist mehr als brüchig, ein solches Fundament hat keinen Bestand.

Im Übrigen ist dies nach meinen Erkenntnissen auch bei gleichgeschlechtlichen Partnerschaften nicht viel anders. Sie unterscheiden sich in den Polaritäten zwischen Liebe und Hass, zwischen Anziehung und Abneigung und auch bei Themen wie Eifersucht, wie Beherrschen und

Beherrschtwerden nicht von den klassischen Lebensgemeinschaften. Ich habe sogar den Eindruck, dass solche Probleme hier sogar noch wesentlich ausgeprägter sind.

Wird Sexualität zum Fundament einer Partnerschaft, kann man schon Wetten über deren Ende abschließen. Die sexuelle Anziehungskraft eines Partners ändert sich. Sehr schnell wird das zur Gewohnheit, was einmal das Herausragende und Anziehende an einem Partner war. Ein anderer oder eine andere wirken dann sehr oft anziehender und treten an die Stelle des bisherigen Partners. Das gilt für Männlein und Weiblein gleichermaßen.

Die Phase der Anziehung und Faszination, das, was so schnell idealisiert wurde, der erste Liebesrausch, weicht dann sehr bald der Erkenntnis, dass auch hinter dieser Idealisierung nur ein Mensch mit all seinen Stärken und Schwächen steckt.

Der balzende Pfau wird nicht selten zum lahmenden Gockel und die angebetene Fee zum lockenwicklerbewehrten Putzteufel.

Die erstaunte Feststellung: „Du warst doch früher ganz anders“ ist dann nicht selten der Anfang vom Ende. Derjenige, der diese weise Feststellung trifft, übersieht dabei meist recht großzügig, dass auch er früher anders war.

Hier wurde dann eben nicht täglich an der Partnerschaft gearbeitet, hier gab es kein gemeinsames Wachstum, hier gab es nur einen gemeinsamen „Ab“-bau statt „Auf“-bau.

Gehen wir ein Stück weiter: Ich werde immer wieder gefragt, ob dies oder jenes in der Sexualität erlaubt sei, und ebenso häufig wird dann geklagt, dass man darüber mit seinem Partner oder seiner Partnerin leider nicht reden könne. Ich habe das schon mehrfach anklingen lassen.

Meine Erfahrung: Stimmt die innere Beziehung zwischen zwei Menschen, stimmt auch die Kommunikation, und sie reden nicht nur über den üblichen Blabla des Alltags. Öffnen sie sich wirklich füreinander, haben sie auch keine Schwierigkeiten, über Sexualität zu reden. Stimmt hingegen die Kommunikation zwischen zwei Menschen nicht, stimmt sie natürlich auch beim Thema Sexualität nicht.

Eine erfüllte Partnerschaft zwischen zwei Menschen beruht auf der völligen Offenheit und dem völligen Vertrauen zueinander. Wenn es Dinge gibt, über die man nicht reden kann, scheint diese wichtige Basis nicht gegeben.

Bitte nicht falsch verstehen – das schließt nicht aus, dass man auch in einer Partnerschaft seine kleinen Geheimnisse hat, die man lieber mit der besten Freundin oder dem Freund bespricht. Das ist damit nicht gemeint. Das macht einen Partner eher interessanter als uninteressant.

Etwas Kleines und Geheimnisvolles, das es zu erkunden gibt, sollte immer noch bleiben, aber dazu ist gerade die Sexualität zwischen zwei Menschen relativ ungeeignet. Wenn ich aus meinen Träumen und Sehnsüchten ein Geheimnis mache, werden sie wohl unerfüllt bleiben, und daran ist dann nicht etwa der Partner schuld.

Also, in einer erfüllten und auf inniger Nähe begründeten Partnerschaft gibt es nichts, was man darf und was man nicht darf. Aber auch das bitte nicht missverstehen! Wir haben z.B. kein Recht, einen Partner seelisch oder körperlich zu verletzen, von ihm Dinge zu verlangen, die er nicht mittragen kann oder bei denen er sich vielleicht sogar gedemütigt oder erniedrigt fühlt. Aber wenn eine Partnerschaft auf inniger Liebe zwischen zwei Menschen beruht, kann ich mir nicht vorstellen, dass es zu einer solchen Problematik überhaupt kommen könnte.

Wie ich schon in einem vorherigen Kapitel gesagt habe: Liebe will nichts für sich selbst, Liebe will immer nur das Beste für den anderen, und wie könnte ich ihn da verletzen oder gar demütigen wollen, um ausschließlich meine eigenen Bedürfnisse durchzusetzen?

Wie ich in meinen Büchern immer wieder erkläre, ist der Mensch so etwas wie ein Wesen auf zwei verschiedenen Ebenen, der „un"-begrenzten, geistig-göttlichen Ebene und der „be"-grenzten, körperlichen Ebene.

Erst wenn beide Ebenen ineinander fließen, erst wenn beide Ebenen gleichermaßen zum Tragen kommen, entsteht jene Ausgewogenheit und Tiefe, die in einer erfüllten Sexualität vonnöten ist.

Es ist ebenso falsch, nur die geistige Ebene zu akzeptieren und alles Körperliche zu verneinen, wie es falsch ist, allein die körperliche Ebene in den Vordergrund zu stellen und die geistige Ebene zu verneinen.

Im ältesten Beruf der Welt, dem einer Hure, wird die Trennung zwischen den beiden Ebenen nahezu perfekt vollzogen. Eine Prostituierte verkauft zwar ihren Körper, aber sich selbst verkauft sie nicht. Sie kann an einem Arbeitsabend – im wahrsten Sinne des Wortes – mehrere Freier über sich ergehen lassen und dann nach Hause gehen und inniglich mit dem Mann verkehren, den sie wirklich liebt, oder zumindest das, was sie darunter versteht.

Und dies ist dann etwas ganz anderes, als nur den Körper zu verkaufen. Würde sie diese Trennung nicht vollziehen können, würde sie an ihrem Beruf zugrunde gehen.

In meiner Praxis lerne ich viele Ehen kennen, die der Situation einer Prostitution nicht ganz unähnlich sind. Bezahlt durch Sicherheit, Versorgung, Haus, Auto, gesellschaftliche Stellung usw., lässt man halt über sich ergehen und vollzieht ohne Liebe und Gefühle das, was als notwendig oder gar rechtens erachtet wird.

Die eigentliche Befriedigung wird dann meist außerhalb der Partnerschaft gesucht und vielleicht sogar gefunden, und ich frage mich dann, was in solchen Ehen den Unterschied zur Prostitution ausmachen soll. Verzeihung, ich habe natürlich ganz übersehen, dass man ja schließlich verheiratet ist.

Aber kann es Gottes Wille sein, dass wir lügen und betrügen, bis dass der Tod uns scheidet? Würden wir diesen Schritt etwas früher wagen, hätten wir noch etwas davon. Vor allem hätten wir die Chance, auf den Weg der Wahrhaftigkeit zurückzufinden.

Verzeihung, wenn ich solch offene Worte wage. Ich will niemanden bloßstellen oder gar verletzen, ich möchte nur etwas bewusst machen, und wie jemand dann mit dem, was ihm bewusst geworden ist, umgeht, bleibt ganz allein ihm überlassen.

Meist haben wir ja ein Alibi für unser Verhalten: die Kinder, die Eltern, die Firma, die Nachbarn, den guten Ruf, die unsicheren Zeiten usw.

Die juristische Betrachtung

Machen wir ein Experiment: Schlagen Sie die Tageszeitung auf oder die, die Sie gerade da haben. Über wie viele Beziehungstaten wird berichtet? Eine, zwei, drei oder mehr?

Man könnte meinen, Sexualität in der Partnerschaft heißt auf juristisch Gewalt in der Partnerschaft. Es ist ein Machtspiel. Sex wird instrumen-

talisiert und ersetzt so die häufige Sprachlosigkeit. Und das nicht nur in den Fällen, die vor Gericht landen, abgesehen davon, dass dort nicht alles landet, was dort landen müsste.

Seit 1997 ist die Vergewaltigung auch in der Ehe strafbar. Die Befürchtung, dass hier Falschbeschuldigungen Tür und Tor geöffnet wurde, ist durchaus berechtigt. Es gab und gibt solche Falschbeschuldigungen, und zwar völlig unbeeindruckt von jeder Sanktionsmöglichkeit. Jedes Schutzinstrument kann auch umgekehrt und damit zur Waffe gemacht werden.

§ 1353 BGB formuliert, dass die Ehegatten einander zur ehelichen Lebensgemeinschaft quasi lebenslänglich verpflichtet sind.

Das Gesetz geht unabhängig von den in ihm vorhandenen Trennungsmöglichkeiten immer noch davon aus, dass die Ehe durch den Tod endet, was beim Thema Gewalt in der Ehe auch durchaus der Fall sein kann. Das Strafrecht ahndet schließlich unzählige Fälle unbiologischen Ablebens.

In der Kommentierung des Gesetzes liest man, dass die Ehe eine Einehe ist (das Gegenteil ist die Mehrehe, ich schwöre, so steht's dort). Weiter ist erwähnt, dass das Recht zur ehelichen Lebensgemeinschaft u.a. in positive und negative Herstellungsklagen münden kann – wie auch immer man sich das vorstellen soll –, und erwähnt ist auch die Pflicht zur Geschlechtsgemeinschaft, wobei hier Zuneigung vorausgesetzt wird.

Es handelt sich hier um ein kolossal lebensnahes Gesetzesteil (wie auch Sie sicher fühlen), das zwingend zu der Frage führt: Wie oft muss die Frau oder der Mann denn nun müssen?

Jackie Kennedy und Onassis haben das, wenn man einem Film über sie glauben mag, in ihrem Ehevertrag geregelt. Erinnerlich zwei- oder dreimal, allerdings hatten sie offensichtlich nicht die Tage mitgeregelt, was in dem Film dazu führte, dass sie ihm in der Hochzeitsnacht die Türe vor der Nase zuschlug.

Martin Luther soll hierzu sinngemäß formuliert haben: Zweimal in der Woche, macht im Jahr hundertvier und schadet weder dir noch ihr. Aber zurück zur Realität, und die ist nicht immer gerade lustig.

Sexuelle Gewalt kontra sexuelle Selbstbestimmung. Womit wir wieder bei einer grundlegenden Verwechslung wären: mein Partner, mein Besitz. Erstaunlicherweise eine höchst kultur- und bildungs-"un"-abhängige Anschauung, wie wir sehen werden.

Da ist z.B. der hochangesehene Chirurg, der Frau und Kinder regelmäßig mit blauen Veilchen verziert, der Friseur, der nach seiner Frau mit einer vollen Olivenölflasche schmeißt und gar nicht versteht, dass sie sich bedroht fühlt, wenn diese zerschellt an der Wand abschmiert.

Da ist der Unternehmer, der seiner Frau ein Elektrokabel um den Hals legt und sich wundert, dass er nach dem höchst erzieherischen Anziehen desselben in der Polizeizelle landet, da seine Frau dies als entwürdigende Aktion empfand.

Da ist das versehentliche Verabreichen einer Ohrfeige, weil die Frau einfach zu nah am Mann stand und keinen Platz für die Gestik seiner Hände ließ. Zu dumm auch!

Da sind die Würgemale am Hals einer Frau, die eine zu enge Halskette trug und allergisch auf das Material reagierte. Schrieb ich das nicht irgendwo schon mal? „Nicht der Mörder ist schuld, sondern das Opfer, das sich morden ließ."

Allen Beispielen gemeinsam ist: Keiner der Männer sah sich im Unrecht, jeder wurde selbstredend von seiner Frau provoziert, im Übrigen habe

„mann" es nicht so gemeint, und so schlimm sei das doch auch nicht gewesen, eigentlich sei doch gar nichts passiert. Mann habe doch nur kurz demonstrieren wollen, wo's lang geht. Das werde „mann" ja wohl noch dürfen.

Natürlich gibt es auch die verprügelten Männer. Einmal geriet ich mit einer Feministin aneinander, weil ich provozierend Männerhäuser propagierte, aber das fällt in den Bereich Dunkelziffer. Männer trauen sich in der Regel nicht so laut zu sagen, dass sie von ihrer Frau geschlagen wurden. Aber traurig genug, dass es Frauenhäuser geben muss, manchmal bleibt wirklich nur die Flucht und das Verstecken. Männer haben dann meist ihre Kneipe.

Gelegentlich wollen sich Männer immer noch mit den Worten empfehlen, sie schlagen keine Frauen. Sollte eigentlich Standard sein, aber da klaffen Wunsch und Realität erheblich auseinander.

Der Jurist beschäftigt sich mit diesem Thema sowohl zivil- wie auch strafrechtlich. Das Strafrecht bestraft für Gewalt und bestimmt, sofern nicht durch psychologische Intervention der Täter als Opfer dasteht, eine mehr oder weniger adäquate Strafe.

Das klingt zynisch und ist es auch. Unbestritten haben viele Täter eine schwere Jugend und wohl nicht so offensichtliche Möglichkeiten, aus eigener Kraft aus diversen Verhältnissen die Lebensbilanz ins Positive zu kehren. Was bleibt, ist allerdings oft der schale Beigeschmack, dass vor Gericht der Täter wichtiger als das Opfer genommen wird.

In der Regel bleibt dem Opfer nur die Zeugenstellung, und dann darf es sich oftmals von den eine Verteidigung missverstehenden Verteidigern Lügen, provozierendes Verhalten und die eigentliche Schuld am Vorfall zuschreiben lassen. Keine angenehme Rolle.

Um Missverständnisse zu vermeiden: Wie schon eingangs des Kapitels erwähnt, werden gerade im partnerschaftlichen Bereich oft Straftaten vorgetäuscht.

Das Gewaltenschutzgesetz hat auch Bumerangcharakter.

Wie oft setzt die Polizei einen Ehepartner vor die Tür, nur weil der andere behauptet, er hätte eine Ohrfeige bekommen, dabei ist er mit dem Gesicht irgendwo „angestoßen.“ Auch das kommt vor. Die Männer sind nicht immer automatisch die Bösen in solchen Fällen, aber oft beruflich und gesellschaftlich dauerhaft geschädigt.

Das Thema ist somit nicht nur frauenlastig zu sehen. Rache, Hass, verletzte Eitelkeit, auch Hoffnung auf öffentliche Aufmerksamkeit spielen nicht selten eine Rolle. Und Sex wird auch von Frauen bewusst als Mittel zu Macht eingesetzt. Ohne alle Ehen mit Auslandsbeteiligung über einen Kamm scheren zu wollen – wie viele im Ausland arbeitende oder urlaubende Männer treffen dort ihre Traumfrau, die in Deutschland nicht selten zur Albtraumfrau mutiert? Selbstverständlich erst nach Erhalt der Aufenthaltserlaubnis. Zurück zu den inländischen Albtraumehen. Hier müht sich auch das Zivilrecht zu schützen. Werde ich von meinem Partner geschlagen oder verfolgt, kann ich ihm immerhin im Wege einer einstweiligen Verfügung den Kontakt mit mir verbieten lassen.

Wirklich effektiv ist das aber meist nicht, da eine solche Verfügung oftmals einer zeitlichen Beschränkung unterliegt und zum anderen von den Tätern einfach ignoriert wird. Wie oft lesen wir, dass ein gerichtlich verhängtes Kontaktverbot quasi als Einladung zum Mord verstanden wurde. Und die Alternative eines lebenslangen Bodyguards ist weder finanzierbar nicht realisierbar.

Befriedigend ist das alles nicht und wir sehen, dass die Justiz hier wieder einmal nur als Sanktionär agieren kann. Sie kann weder Tote erwecken noch gebrochene und geschundene Körper heilen, von dem malträtierten Innenleben der Opfer ganz zu schweigen.

Gewalt in Beziehungen ist allenfalls ein verbales, aber kein faktisches Tabu. Erschreckend ist wirklich die Haltung, dass viele nach wie vor der Auffassung sind, dass das, was sie innerhalb der eigenen vier Wände machen, allein ihre Angelegenheit ist.

Da hört man dann so Sätze wie: „Wenn man sich selbst da nicht mehr Ruhe und Respekt verschaffen kann, wo denn sonst?" Verharmlosung und Schuldabschieben gehen da Hand in Hand.

Gewalt muss natürlich nicht nur körperlich sein. Aber da wird's dann gleich noch unbefriedigender. Mit dem entsprechenden Schuss Sarkasmus kann man sagen: Körperliche Gewalt sieht man ja wenigstens, da hat man was zum Ahnden, aber der Bereich psychischer Gewalt fällt zu oft in die Kategorie „Pech gehabt!"

Dann gibt es natürlich auch den Dunkelzifferbereich. Der Bereich, wo sich das/die Opfer nicht trauen zu sagen, was ihnen passiert ist. Dabei ist dies die einzige Möglichkeit, aus der „Kaninchen-vor-der-Schlange-Haltung" herauszukommen.

Zur Gewalt oder, anders gesagt, zum Ungleichgewicht in einer Partnerschaft, egal, in welcher Form, gehören immer zwei.

Einer, der Macht ausübt, und einer, der die Ausübung duldet. Der weiter vorn erwähnte „Mörder-Opfer-Schuld-Spruch" entbehrt nicht jeglicher Logik, was uns zur Frage führt, warum sich Frauen so etwas gefallen lassen. Was sind die Gründe für so ein Verhalten?

Neben den von Matt Galan Abend offen angesprochenen „Prostitutionsgründen“ ist es das eigene Sich-Kleinmachen, das Denken, ich kann nichts, ich bin nichts ohne den Partner, und, man staune oder auch nicht, Liebe. Wobei da ganz sicher wieder etwas verwechselt wird. Das Verständnis von Liebe kann nicht identisch mit dem Verständnis von Leid sein. Da wird etwas durcheinander gebracht und gründlich missverstanden.

Einige dulden wegen der Kinder. Aber was haben die Kinder von einer mit Handbremse lebenden Mutter, die immer unglücklicher wird und vielleicht hinterher von den Kindern auch noch ewige Dankbarkeit für diese unverlangte Aufopferung erwartet?

Klingt brutal, aber da sollte sich jede Frau einmal selber fragen, ob sie wirklich dem Kind einen Gefallen tut, wenn sie in einer Beziehung ausharrt, in der sie sich erniedrigt fühlt. Was für ein Frauenbild gibt sie da an das Kind weiter – gleichgültig, ob Junge oder Mädchen?

Wie wir sehen, ein komplizierter und vielschichtiger Bereich. Wenn wir tiefer ins Detail gehen und die Fälle untersuchen, werden wir irgendwann den Psychologen zustimmen und feststellen, dass eigentlich alle Opfer und auch ebenso Täter sind. Ausnahmen bestätigen die Regel.

Der Punkt, an dem das Thema Partnerschaft entgleiste, wurde zunächst nur leicht fahrlässig übersehen, dann wurde etwas grob Fahrlässiges und endlich etwas Vorsätzliches daraus. Was letztlich wirklich die Ursache war und ist, weiß niemand mehr. Es bedarf dann einer ehrlichen und schonungslosen Prüfung der eigenen Verhaltensweisen, Überzeugungen, Gedanken und des Eingestehens des eigenen Beitrages zur Eskalation der Situation.

Dies entschuldigt sicher nicht das Verhalten des anderen, sensibilisiert aber für das meist unbewusste Bereiten von Gelegenheiten für den ge-

walttätigen Partner. Wenn so ein unbewusstes Verhalten dann bewusst wird, kann wieder gehandelt werden.

Die Lösung, Auflösung oder Vermeidung dieses Machtmissbrauchs ist somit wieder einmal bei uns selbst zu suchen. Die eingangs erwähnte Sprachlosigkeit geht oft mit Denkstarre einher.

Frauen in Gewaltbeziehungen bzw. in Problembeziehungen können sich oft nicht vorstellen, dass es ein Leben danach oder ein anderes geben kann.

Das ist mit das Hauptproblem. Eigentlich hält sie nicht der Partner, sondern die eigenen Gedanken. Das ist wie bei den Telefonsexdrohanrufen, der Anrufer röchelt in die Leitung und viele Frauen sind wie gelähmt und legen den Hörer nicht auf. Diese unerklärliche Magie gilt es zu durchbrechen.

Stellen Sie sich einfach mal probeweise ein Leben ohne so einen Partner vor, rein theoretisch. Und wenn es eine schöne Vorstellung ist und Sie die gerne verwirklicht hätten, dann lassen Sie die Ideen zu, die Ihnen dann dazu durch den Kopf gehen, (nein, nicht wie bei Loriot im Eierkoch-Sketch – irgendwann bring ich ihn um).

Sofern Sie dann anschließend nicht gleich wieder in das alte Opferdenkmuster fallen– „wie soll das denn gehen?" –, werden Sie vielleicht erstaunt sein, was Ihre Phantasie Ihnen an Möglichkeiten anbietet.

Wir sind im sechsten Kapitel dieses Buches, und ich denke nicht, dass Sie noch glauben, Sie könnten abwarten, bis Ihr Partner sich ändert. Ändern Sie Ihr Leben, vielleicht ändert er sich mit, vielleicht nicht. Und wenn nicht, auch gut. Sie brauchen kein Leid auszuhalten, es gibt Mittel und Wege, das zu beenden. Da kann die Juristerei dann auch wieder sehr hilfreich sein.

7

Der tödliche „Mein-Anspruch"

Mein Mann oder meine Frau, mein Partner oder meine Partnerin sind nicht „mein".

Sie sind nicht „mein" Eigentum!

Ich möchte dringend daran erinnern, dass die Leibeigenschaft schon vor langer Zeit aufgehoben wurde!

Ich kann und darf über meinen Partner oder meine Partnerin nicht wie über mein Eigentum verfügen. Sie gehören ausschließlich sich selbst.

Sie haben das Recht auf Verwirklichung ihres eigenen Lebens, genau so, wie ich das Recht auf Verwirklichung meines eigenen Lebens habe.

Wir sind Partner, uns in diesem Recht gegenseitig zu unterstützen, wir sind Partner, unsere beiderseitigen Lebensvorstellungen zu verwirklichen, wir sind Partner, unser gemeinsames Leben aufzubauen.

Dies setzt natürlich voraus, dass unsere beiderseitigen Vorstellungen und Lebensziele zumindest in etwa übereinstimmen, dass wir im Prinzip das gleiche Ziel anstreben. Wenn unsere Zielvorstellungen zu weit auseinandergehen, sollten wir von einer Partnerschaft absehen. Aus der angestrebten Dauer-Lebensgemeinschaft wird dann höchstens eine Dauer-Kampfgemeinschaft.

Ich empfehle Ihnen an dieser Stelle, zunächst einmal kurz Bilanz zu ziehen und sich darüber klar zu werden, ob Sie tatsächlich das Leben führen, das Sie gerne führen würden. Überlegen Sie auch, ob Ihre Partnerschaft dieses Leben fördert oder ob die Partnerschaft Sie eher daran hindert. Ausflüchte wie: „Das kann doch niemand und anderen geht's auch nicht besser“ lassen Sie dabei bitte nicht gelten. Sie sind nichts als faule Ausreden.

Wenn Sie bei Ihrer kurzen Bilanz z.B. feststellen müssen, dass die Behinderung überwiegt, leben Sie nicht in einer Lebensgemeinschaft, sondern mehr in einer Lebens-Behinderungs-Gemeinschaft.

Verzeihung, wenn ich das so kompromisslos ausdrücke. Es ist nicht der Sinn einer Partnerschaft, sich gegenseitig am eigenen Leben zu hindern, sich gegenseitig zu blockieren.

Wie Sie dann mit Ihren Erkenntnissen umgehen, können Sie nur ganz alleine entscheiden. Aber ich warne noch einmal ausdrücklich vor Ausflüchten aller Art wie „schließlich muss man überall Kompromisse machen“ usw.

Ein Leben unter dem Motto: „Das ist zwar alles nichts, aber damit habe ich wenigstens umzugehen gelernt“ wäre mir persönlich zu wenig.

Aber solche Feststellungen sind keine Aufforderung, die Flinte ins Korn zu werfen. Sie sind vielmehr die Aufforderung, daran zu arbeiten und alles zu versuchen, die behindernden Umstände zu ändern. Leider rennen die meisten Menschen allzu schnell vor einer Aufgabe weg, die sich ihnen stellt. Was Sie aber in Ihrer jetzigen Partnerschaft lösen können, bleibt Ihnen in Zukunft dauerhaft erspart.

Ich kenne viele Menschen, die in unterschiedlichen Partnerschaften lebten, aber immer wieder an den gleichen Problemen scheiterten. Es muss nicht immer gleich ein anderer Partner her, meist genügt es, wenn ich anders mit mir und dem Problem umgehe. Ich muss den Schlüssel innen und nicht außen suchen. Unbequem? – Ja, sicher unbequem.

Ich werde wohl vergebens darauf warten, dass sich die Welt um mich herum ändert und ich so bleiben kann, wie ich bin.

Die Wege zur Erreichung eines gemeinsamen Zieles dürfen ruhig unterschiedlich sein, sie müssen keinesfalls deckungsgleich sein. Ja, sie müssen und dürfen schon deshalb unterschiedlich sein, damit unsere unterschiedlichen Fähigkeiten zum Tragen kommen. Nur so ist eine gegenseitige Befruchtung und Bereicherung überhaupt erst möglich.

Wenn zwei das dasselbe tun, ist im Prinzip einer davon überflüssig. Es findet keine Addition statt, es wird nichts hinzugefügt, es wird nicht mehr.

Unser Partner oder unsere Partnerin muss also nicht den Weg gehen, den wir für sie als richtig empfinden, sie müssen nicht unseren Vorstellungen entsprechen, sie müssen auch nicht nach unseren Vorstellungen handeln, sie müssen, dürfen und sollen sogar ihren eigenen Vorstellungen folgen.

Nun will ich Sie nicht erneut mit dem Thema Liebe nerven. Aber wenn ich jemanden liebe, dann liebe ich ihn doch, weil er so ist, wie er ist, weil er so denkt, fühlt und handelt, wie er ist. Warum sollte ich dann genau das an ihm oder an ihr ändern und mir gleichmachen wollen?

Ich garantiere Ihnen, in dem Moment, in dem die versuchte Gleichrichtung womöglich sogar gelingt, wird der Partner oder die Partnerin völlig uninteressant. Wir selbst haben ihnen das genommen, was sie einmal für uns so anziehend gemacht hat, ihr Anderssein.

Und trotzdem wird eine solche Gleichrichtung in vielen Partnerschaften immer wieder versucht und führt in unendliche Probleme und Leidensgeschichten.

„Er ist doch „mein“ Mann, sie ist doch „meine“ Frau, warum denkt und handelt er bzw. sie dann nicht so, wie ich es von ihm oder ihr erwarte?“

Ein solches Verhalten kann zweierlei Gründe haben: Es ist ein reines Machtspiel – das, was ich als Mein-Anspruch benannt habe –, oder es ist das, was ich als Harmonieduselei bezeichne.

In Harmonie sind wir nicht etwa dann, wenn wir alles gleich sehen, gleich denken und gleich fühlen. Einer der größten Irrtümer!

In Harmonie sind wir dann, wenn wir uns gegenseitig die Freiheit zugestehen, so zu denken, so zu fühlen und so zu handeln, wie wir es nun einmal tun.

So können wir in völliger Harmonie sein, obwohl wir doch so einiges recht unterschiedlich sehen und bewerten.

Ich möchte bei diesem Thema eine kleine Anleihe bei den hermetischen Prinzipien machen. Es gibt dort eine Gesetzmäßigkeit, die heißt:

„Geschlecht ist in allem, alles hat männliche und weibliche Prinzipien, Geschlecht offenbart sich auf allen Ebenen.“

Es ist das siebente hermetische Prinzip und hat nur ganz entfernt etwas mit Sexualität zu tun. Sexualität ist in diesem Sinne lediglich eine Erscheinungsform dieses Prinzips.

Wenn das Prinzip sagt, dass Geschlecht in allem ist, dann heißt dies, dass es ebenso im kleinsten Atom wie auch im gesamten Universum wirksam ist.

Auch das kleinste Atom besteht aus negativ und positiv geladenen Teilchen, die sich umkreisen. Positiv und negativ könnte man hierbei mit männlich und weiblich übersetzen und hat nichts mit dem zu tun, was wir im normalen Sprachgebrauch als negativ oder positiv bezeichnen. Am Weiblichen ist nichts grundsätzlich Negatives und am Männlichen ist nichts grundsätzlich Positives. Sie sind nur anders geladen, sie sind nicht mehr oder weniger als der jeweilige Gegenpol.

Das Prinzip der Geschlechtlichkeit offenbart sich aber nicht nur auf der physischen Ebene. Es offenbart sich natürlich ebenso auf der emotionalen und auch geistigen Ebene. Wenn wir dies in unser tägliches Leben übertragen, können wir z.B. feststellen, dass die emotionalen Reaktionsmuster von Männern und Frauen völlig unterschiedlich sind. Sie ticken anders, wie ich dies bereits einmal am Anfang des Buches etwas salopp ausgedrückt habe, und können nicht gleichgeschaltet werden.

Wenn sie sich vereinen, wird daraus nicht einfach eine Verdoppelung – ganz im Gegenteil, es entsteht daraus etwas völlig Neues, in dem zwar viele Elemente des Ursprungs enthalten sind, aber trotzdem ist es niemals gleich. Etwas, was Eltern oft fassungslos auf ihre Kinder schauen lässt. Es ist doch „mein“ Kind, habe ich denn nicht alles getan? Wieder der gleiche Mein-Anspruch, aber diese durchaus beliebte Variante ist hier nicht unser Thema.

Das Prinzip des Geschlechts ist stets auf Schöpfung und Erzeugung ausgerichtet. Schöpfung kann nur durch das Wirksamwerden beider Pole stattfinden, und so sind auch in allem Geschaffenen wiederum beide Pole wirksam – im Größten wie im Kleinsten.

Je ausgeglichener beide Pole in einer Schöpfung wirksam sind, desto beständiger ist diese Schöpfung. Einseitig männliche oder weibliche Schöpfungen sind weder möglich, noch hätten sie irgendeinen Bestand. Es fehlt das Gleichgewicht.

Wenn wir dies auf unser Thema Partnerschaft übertragen, dann heißt dies, dass auch in einer Partnerschaft beide Pole gleichermaßen wirksam sein sollten, um eine gewisse Beständigkeit zu erreichen. Gleichmacherei aber, die Erwartung, dass meine Frau oder mein Mann doch bitte so denken, fühlen und handeln möge wie ich, führt in das genaue Gegenteil.

Interessant ist, dass auch in gleichgeschlechtlichen Partnerschaften die Partner jeweils einen der beiden Pole besetzen. Das Prinzip ist tatsächlich immer und überall wirksam.

Ich hoffe, das war nicht allzu kompliziert. Sie wissen, ich rede lieber in Beispielen aus der Praxis, aber manchmal ist es doch auch interessant, etwas über die Hintergründe zu erkennen. Es gibt in dieser Schöpfung keinen Zufall. Alles folgt wohlgeordneten Prinzipien. Gott, wen, wie, wo oder was auch immer Sie darunter verstehen, hat keine Pfuscharbeit geleistet.

Gehen wir wieder in die Praxis: Wenn Sie jemanden in einen engen Raum legen, aber die Tür offen lassen, wird er damit zunächst kein allzu großes Problem haben. Aber sobald Sie die Tür verschließen, laufen Sie Gefahr, dass er tobt, randaliert und vielleicht sogar mit dem Kopf gegen die Wand läuft.

***Alles, was Sie festhalten wollen,
versucht sich zu befreien.
Alles, was Sie bereit sind loszulassen,
bleibt friedlich da, wo es ist.***

Je mehr Sie einen Partner oder eine Partnerin klammern, desto deutlicher versucht er oder sie den Ausbruch.

Liebe und Partnerschaft sind Kinder der Freiheit. Sperren Sie sie nicht in eine Haftanstalt.

Der Ring, den Sie womöglich zum Zeichen Ihrer Partnerschaft tragen, befindet sich lediglich an einem einzigen Ihrer insgesamt zehn Finger. Lassen Sie die anderen neun Finger frei und benutzen Sie keine Handschellen.

In meinem Buch „Leben heißt Loslassen“ habe ich einen Partner mit einem Stück glitschiger Seife verglichen. Je fester Sie die Hand zudrücken, in dem sich dieses glitschige Stück befindet, desto eher wird es an irgendeiner Seite herausflutschen. Lassen Sie es hingegen ruhig auf der Hand liegen, bleibt es da, wo es ist.

Ich erinnere auch noch einmal an mein Beispiel der zwei Säulen. Damit man darauf etwas aufbauen kann, müssen sie weit genug auseinander stehen. Stehen sie zu eng umschlungen, heben sie sich gegenseitig auf. Also noch einmal: Mein Partner oder meine Partnerin sind nicht „mein“. Ist das angekommen?

Nun wird mancher Leser einwenden, dass seine Partnerschaft gerade daran gescheitert ist, dass er dem Partner oder der Partnerin zu viel Freiheit gelassen hat. Er wäre leider allzu gutgläubig gewesen und hätte wohl besser aufpassen sollen.

Ja, glauben Sie denn im Ernst, dass eine solche Partnerschaft bestehen geblieben wäre, wenn Sie die Räume enger gemacht hätten, wenn Sie besser kontrolliert und aufgepasst hätten? Natürlich hätten Sie besser aufpassen sollen, aber auf ganz andere Umstände, als Sie es wohl meinen. Aufpassen auf die gemeinsame Entwicklung z.B., auf das tägliche Arbeiten an einer Partnerschaft, aufpassen darauf, dass jeder seine Lebensvorstellung weitgehend verwirklichen kann, aufpassen auf das eigene Glück und das Glück des Partners.

Hätte Ihr Partner oder Ihre Partnerin all das bei Ihnen gefunden, hätte er oder sie es nicht woanders gesucht.

Nun weiß ich natürlich, dass Sie wirklich alles getan haben, dass Sie wirklich alles gegeben haben, dass Sie sich nichts haben zu Schulden kommen lassen und es wirklich nur an ihm oder ihr lag … Sehen Sie, solange Sie in diesem törichten Energiefeld baden, kommen Sie keinen Schritt weiter.

Noch ein kleiner Abstecher: Kennen Sie das Gefühl, auf den Partner oder die Partnerin zu schauen und dabei so etwas wie Befriedigung oder sogar Stolz darüber zu empfinden, dass es „mein" Partner ist? Vielleicht weil er oder sie besonders gut aussieht, liebenswert ist, klug, souverän und zuverlässig handelt, von anderen gemocht und geachtet wird oder was auch immer.

Sehen Sie, so etwas dürfen Sie ruhig auskosten. Es hat nichts mit dem Mein-Anspruch zu tun, über den wir hier reden. Sie sind ja stolz darauf, dass er oder sie so ist, wie sie nun einmal sind.

Wenn Sie allerdings stolz darauf sind, dass er oder sie nun endlich so ist, so denkt und handelt, wie Sie erwarten, dass er oder sie denkt und handelt, hätten Sie sich besser einen Hund angeschafft, der brav seine Männchen macht und Zeitung oder Pantoffel apportiert. Verzeihung, wenn ich das noch einmal so deutlich wiederhole. Es ist einer der meistgemachten Fehler.

Die juristische Betrachtung

Nach Partnerschaftskriterien befragt, geben wir ziemlich bilderlehrbuchartig zu Protokoll, dass wir den anderen nicht ändern, ihn nicht verbiegen, wir uns aus seinen Angelegenheiten heraushalten und vor unserer eigenen Türe kehren wollen. Wir wollen ja auch nicht mit Haut und Haaren vereinnahmt werden. So weit zur Theorie, doch wie sieht die Praxis aus?

Der Mein-Anspruch ist Ausdruck von Realitätsverlust. Er definiert sich aus einer Mischung zwanghafter Kontrolleritis und hartnäckigem Ignorieren dessen, was wirklich ist.

Gleichberechtigung wird nicht selten mit Gleichmacherei verwechselt.

Vordergründig – mangels Rechtsgrundlage – kein juristisches Thema, aber unversiegbarer Arbeitsbeschaffungsquell für die Justiz. Leider.

Am Anfang ist die Vorstellung, die Erwartung, und „wenn der Lack ab ist", folgt die quälende, permanente, unerbittliche Open-End-Umerziehung. Irgendwann muss es doch mal so laufen, wie man will, muss man sich doch durchsetzen, zeigen, dass die eigene Meinung die allein richtige ist. Alles unter der Überschrift: ICH führe Regie!

Wenn es ein todsicheres Rezept für eine unglückliche Partnerschaft gibt – hier haben wir es.

Vervollständigen wir das Bild. Es liegt nicht nur an dem Teil, der alles nach seiner Fasson haben will, es liegt auch an dem – juristisch formuliert – Empfängerhorizont. Die Entwicklung der Beziehung – oder sagen wir besser der Streitunkultur? – hängt viel wesentlicher von der Reaktion ab.

Die eine Haltung „das ist immer schon so gelaufen, da kann man nichts machen – die andere ist halt so", zeugt von Realitätssinn, ist aber nur die halbe Wahrheit. Klar, der andere ist so, aber man selbst ist auch so. Die Haltung „ich muss das aushalten" bereitet den Boden für die Absenderhaltung. Teufelskreis Nummer 1. Aber wir müssen nicht meinen, dass wir es nur mit lammfrommem Dulden zu tun haben. Mitnichten!

Kommen wir zu Teufelskreis Nummer 2. Gerade weil das Grundproblem nicht angegangen wird, weicht der Empfänger geschickt auf Ersatzstreitplätze aus und streitet mit dem Partner über etwas, was überhaupt nichts mit dem Ärger auslösenden Verhalten zu tun hat. Ärgerst du mich da, dann ärger ich dich dort.

Aug um Aug und Zahn um Zahn, ein Fall seltener Bibeltreue.

Aus eins mach zwei! Der zweite Streit ist lediglich Sanktion und dient nicht der Klärung der Grundproblematik des ersten Streits. Wir vergrößern mit so einem Verhalten den Problemkuchen in der unlogischen Hoffnung, der andere stellt, um uns friedlich zu stimmen, sein uns nervendes Verhalten ein. Was natürlich nicht funktioniert, weil der andere nicht hellsehen kann und nicht weiß, was uns wirklich stört.

Solche Spielchen kennt jeder aus dem eigenen Alltag. Langjährig erprobt sind sie einem stetigen qualitativen Verfeinerungs- und Verbesserungsprozess unterworfen, Grundstein für immerwährende Querelen in hunderttausend Varianten.

Nie ein klares Wort, nie ein Streit um etwas, was sich wirklich lohnt, nämlich die Klärung des Grunddissenses. Stattdessen lauter Ablenkungsmanöver, Ersatzdispute, keine Traute, ehrlich und klar miteinander zu reden.

Jeder ist in seiner Vorstellung gefangen, dass er genau weiß, wie der andere ist, was der andere denkt, besonders von einem selbst.

Die wirklichen Ärgernisse werden säuberlichst unter den Teppich gekehrt, was, wie gesagt, einen bzw. zwei Teufelskreise ergibt, die aus Gewohnheit nicht zu durchbrechen sind. Der Tod jeder Beziehung, aber Totgesagte leben ja bekanntlich länger.

Damit haben wir einen der Hauptgründe, warum Auseinandersetzungen so unbefriedigend verlaufen, ja verlaufen müssen. Will ich beispielsweise meinen Partner zurück, ist es nicht wirklich hilfreich, ihn mit finanziellen Forderungen zu überziehen oder ihm am Umgang mit den Kindern zu hindern. Dies ist die falsche Form der Kontaktsuche, des Kontakthaltens.

Solange hinter den Auseinandersetzungen ein unausgesprochenes völlig anderes Bedürfnis liegt, so lange kann mich auch ein erstrittenes Ergebnis nicht zufrieden stellen.

Denn dies hat ein gefühltes Verfallsdatum. Sobald die Siegeseuphorie vorbei ist, kehrt das permanente innere Nölen zurück, und weil wir die eigentlichen Bedürfnisse wie Verständnis, Gehörtwerden, Anerkennung, Kooperation, Fairness etc. so gründlich weggepackt haben, dass wir uns nicht mehr erinnern, wohin, kennen wir auch nicht den wahren Grund unserer Unzufriedenheit.

Prozess gewonnen, Gegner k.o. Will noch irgendjemand mit uns spielen?

Insgesamt gilt: Je höher die Streitspirale geschraubt wird, desto undurchsichtiger wird sie – auch für uns – und desto schwieriger wird das Entwirren. Dummerweise gibt's noch keine Navis aus Streitlabyrinthen. Da müssen wir selbst ran.

Einen Stellvertreterstreit erkennt man in der Regel an einer verbissenen Streitführung mit hohen emotionalen Beweggründen, die gebetsmühlenartig wiederholt werden und ab Gebetsmühlenrunde x bei allen Beteiligten Krisenalarm auslösen.

Da soll man als Anwalt permanent vortragen, wie schrecklich, gemein, übervorteilend, egoistisch, übermächtig, diktatorisch, bestimmend der Partner ist. Das Friedenanimierende an dieser Methode ist nicht wirklich durchdacht. Oder wären Sie einigungsbereit, wenn Sie sich so charakterisieren lassen müssten?

Egal, ob wir einen Ersatzstreit provozieren oder mit einer Gegenforderung reagieren, wir müssen mit dem nächsten Gegenschlag rechnen, bestenfalls erreichen wir ein Stillhalteabkommen.

Wir benutzen da ein ziemlich manipulatives Partnerschaftswerkzeug, noch dazu eines, über das wir die Kontrolle verlieren, wenn es erst einmal angewendet ist. Es wird zum Selbstläufer, der letztlich uns beherrscht.

Ohne die Dinge klar beim Namen zu nennen, können wir uns den Alltagsspielchen nicht entziehen, weil wir nicht sicher sein können, ob der andere aus dem Spiel auch sang- und klanglos aussteigt.

Und in einem Prozess, bei dem neben Anwälten und Gegnern auch noch ein Richter mitmischt, haben wir auch nicht mehr viel Regie in der Hand, weil Prozesstaktiken und weitere Interessen das Kernproblem überlagern. Was als Straf- oder auch Schutzinstrument gedacht war, richtet sich gegen uns. Sehen Sie irgendwo irgendwelche lohnenswerte Gründe, den Mein-Anspruch aufrechtzuerhalten?

8

Feiertage und Familienfeiern – Unwetterwarnung – Vorsicht, Rutschgefahr!

Sie kennen das, alle haben sich auf das Ereignis gefreut, und prompt geht alles schief.

Das, was allen gut tun sollte, das, worauf sich wirklich alle gefreut und auch ganz bewusst hingearbeitet haben, verkehrt sich ins genaue Gegenteil. Familienfrust statt Lust ist am Ende das einzig messbare Ergebnis. Wie kommt so etwas, welche Mechanismen sind hier wirksam und wie können wir ihnen aus dem Weg gehen?

Ich will es zunächst einmal mit einer ganz einfachen Erklärung versuchen. Die meisten Menschen packen in eine solche Ausnahmesituation all das hinein, was sie im normalen Alltag meist schmerzlich vermissen: Liebe, Zuneigung, Aufmerksamkeit, Nähe, Geborgenheit, Gedankenaustausch und so weiter.

An solchen Ausnahmetagen prallen Menschen mit den unterschiedlichsten und lange aufgestauten Defiziten aufeinander, die sie nun in einem sehr engen Zeitrahmen endlich ausgleichen wollen.

Dies wäre noch zu verkraften, wenn nicht auch alle Beteiligten gerade den Ausgleich *ihres* Defizits für das Wichtigste hielten und auch sehr feste Vorstellungen davon hätten, wie dieser Ausgleich nun endlich stattzufinden hat.

Am kritischsten in dieser Beziehung ist in unserem Kulturraum das so genannte Fest der Liebe, ist Weihnachten! Aber liegt dies nun wirklich an Weihnachten, wenn wir einmal bei diesem Beispiel bleiben wollen? Nein! Es liegt vielmehr an dem, was wir in der Zeit außerhalb dieses Festes versäumt bzw. nicht oder nur ungenügend gelebt oder bekommen haben. Am Fest der Liebe wollen die Menschen es nun endlich haben.

Nun sollen wir endlich Zeit füreinander haben, aber wir sind nur noch kaputt. Die Vorbereitungen zum Fest, Vereins- und Firmenweihnachtsfeiern haben ihr Übriges getan, und wir würden uns am liebsten in unsere Höhle verkriechen.

Endlich mal ich sein, endlich mal nicht funktionieren müssen, endlich mal die Zügel schleifen lassen.

Aber gerade das wird uns im Sinne des oder der Ausgleichsuchenden nicht gestattet, und wenn sie dann nicht bekommen, was sie erwartet haben, sind sie bitterlich von uns enttäuscht und wir sind ebenso bitterlich darüber enttäuscht, dass sie kein Verständnis für uns haben. Der Konflikt ist da, jeder ist vom anderen enttäuscht. Immerhin existiert darin ein Rest von Gemeinsamkeit, auch wenn man sich diese Gemeinsamkeit ganz anders vorgestellt hatte.

Die Figuren der Handlung sind austauschbar, das System ist immer dasselbe. Partner, die voneinander enttäuscht sind, Eltern, die von ihren Kindern enttäuscht sind, Kinder, die von ihren Eltern enttäuscht sind usw.

Wenn wir diese sich ewig wiederholenden Abläufe einmal nüchtern analysieren, drängt sich uns sehr schnell ein zentrales Problem auf: „die unerfüllten Erwartungen"!

Aber wir dürfen es uns nicht zu einfach machen, wir sollten auch hier noch etwas tiefer bohren und uns fragen, ob tatsächlich die „unerfüllten" Erwartungen oder die Erwartungen schlechthin die Probleme verursachen.

Hätte z.B. niemand eine Erwartung gehegt, wäre auch niemand enttäuscht worden. Die Voraussetzung zu einer Enttäuschung ist also immer eine ihr vorhergehende Erwartung.

Es sind unsere eigenen Erwartungen, mit denen wir unsere eigenen Enttäuschungen produzieren.

Ich hatte doch so sehr erwartet, dass … Nun können wir diesen Satzbeginn in unendlich vielen Variationen fortsetzen, z.B.… du doch zumindest einmal anrufst (man beachte dabei den Zusatz „zumindest"), dass du wirklich einmal etwas Zeit mitbringst, etwas zugänglicher und liebevoller bist, dich auch um Oma kümmerst, dir Mühe gibst und diesmal wirklich einmal etwas Persönliches schenkst (bisher hatte die Sekretärin den Job, etwas Passendes zu „besorgen") usw.

Wir dürfen doch nicht enttäuschen. Alle haben sich doch so gefreut. Und so lastet ein Druck auf uns, der uns für das Wohlbefinden anderer verantwortlich fühlen lässt. Dabei hätten wir schon allein mit uns selbst genug zu tun. Hätten genug damit zu tun, dafür zu sorgen, dass es uns gut geht.

Und so reißen wir uns dann so lange zusammen, bis es uns irgendwann selbst zerreißt.

(Fröhliche Weihnachten übrigens)

Nun haben wir hier Weihnachten als Beispiel genommen. Bei anderen Gelegenheit sind die Mechanismen nicht viel anders, bei Geburtstagen, Jubiläen, Hochzeiten, Familienfeiern und Familienbesuchen aller Art, und wenn zwei Partner in einen solch missglückten Ablauf involviert waren, haben sie anschließend nicht selten auch zwei völlig verschiedene Meinungen zum Geschehen.

Jeder sieht das Geschehene mit seiner Brille und niemand kann durch die Brille des anderen sehen. Jeder fühlt sich im Besitz der Wahrheit, jeder hat Recht und kann nicht verstehen, dass der andere ihn nicht verstehen kann, ja, wie er denkt, nicht einmal verstehen will und sich ganz offenbar auch nicht einmal die geringste Mühe dazu gibt.

Man beachte auch hier das vieldeutige „nicht einmal“, das ebenso wie das bereits erwähnte „zumindest“ den Grad einer Enttäuschung noch etwas mehr hervorhebt. Man hat also „nicht einmal“ das Mindeste erfüllt.

Ja, aber sind zwei Partner in solchen Fällen nun wirklich nur halsstarrig, unbelehrbar, stur oder was auch immer? Nein, das einzige Problem ist: Sie können nicht anders.

Die Aufzeichnungen ihres Unterbewusstseins, ihre Erfahrungen und Konditionierungen geben keine andere Sicht der Dinge her. Sie fühlen sich ebenso im Besitz der Wahrheit, wie der andere sich im Besitz der Wahrheit fühlt, und nicht selten werden die in der Ursprungsfamilie erlernten Wahrheiten nun zwischen zwei Partnern weiter ausgefochten.

Deine Familie, meine Familie. Bei euch war ja noch nie … so etwas hast du ja nie gelernt, du bist genau wie deine Mutter, wenn du doch endlich einmal …, geh doch mal zum Psychologen usw. (davon lebe ich dann). Aber was wäre nun der Ausweg aus einer solchen Situation? Ganz einfach:

Wenn jeder dem anderen das Recht auf seine Sicht der Dinge zugesteht und niemand versucht, den anderen von der Richtigkeit seiner eigenen Sicht zu überzeugen, bleiben beide in Harmonie. Du siehst es so, ich sehe es so. Wo soll das Problem sein, wenn wir uns gegenseitig das Recht auf eine unterschiedliche Sicht zugestehen?

Das klingt so einfach und ist doch so unendlich schwierig, denn dazu wurden wir in der Regel nicht erzogen, ganz im Gegenteil. Wir lernten schon sehr früh z.B. zwischen dem wahren Gott, zwischen Rechtgläubigen und damit zwangsläufig auch Falschgläubigen zu unterscheiden. Zwischen wählbaren und unwählbaren politischen Parteien. Wir lernten, zu welchem Verein man gehört und zu welchem auf gar keinen Fall, zwischen „wo man hingeht“ und nicht hingeht, wie man sich benimmt und wie man sich nicht benimmt, was man tut und was man nicht tut usw.

Das, was wir da so überzeugt als unsere Wahrheiten, als unsere Sicht der Dinge vor uns hertragen, ist nichts anderes als das Ergebnis der Erfahrungen und Konditionierungen, denen wir unterworfen waren.

Mit uns selbst hat dies rein gar nichts zu tun, wir identifizieren uns lediglich damit, halten es inzwischen tatsächlich für „unsere Meinung“.

Auch wenn Sie es in anderen Büchern von mir schon einmal gelesen haben sollten, hier noch einmal mein Lieblingsbeispiel:

Wenn Sie nach Ihrer Geburt vertauscht, bei ganz anderen Eltern und in einem ganz anderen sozialen Umfeld aufgewachsen wären, hätten Sie heute auch ganz andere Wahrheiten als die, die Sie jetzt verkünden und womöglich sogar hartnäckig verteidigen.

Was sind unsere Wahrheiten also wert? Worüber und warum streiten wir da eigentlich?

Unsere Wahrheiten sind ebenso viel wert oder unwert, wie die Wahrheiten, die ein anderer vor sich herträgt, wert oder unwert sind.

Wenn wir dies voneinander wissen, worüber sollten wir dann streiten? So einfach und doch so unendlich schwierig! Also, wenn das nächste Weihnachten, wenn die nächste Familienfeier, Vereinsfeier oder sonst etwas ansteht, versuchen Sie das Geschehen einmal mit ganz anderen Augen zu beobachten.

Ich sage bewusst „beobachten". Als Beobachter behalten Sie einen gewissen Abstand. Behalten Sie diesen Abstand unter allen Umständen. Lassen Sie sich auf gar keinen Fall in das Geschehen hineinziehen.

Glauben Sie mir, wenn Sie es schaffen, Abstand zu halten, ist der Film, der da vor Ihnen abläuft, interessanter als jede noch so spannende Folge der Lindenstraße. Eine solche Folge wurde lediglich von einem Drehbuchautor erdacht. Das Leben selbst produziert Komödien, die man auch bei auch noch so viel Phantasie nicht ausdenken kann.

Also, das nächste Mal gehen Sie gedanklich nicht zu dieser oder jener Feier, gehen sie vielmehr ins Theater und amüsieren Sie sich.

Viel Spaß!

Die juristische Betrachtung

Weihnachten – das Fest der Liebe und, psychisch und juristisch gesehen, auch der Hiebe.

Übrigens nicht zu vergessen, dass sich auch Urlaube hervorragend eignen, die Trennungswilligkeit zu fördern. Es ist kein bloßes Gerücht, dass Scheidungskanzleien nach derartigen Events Hochkonjunktur haben.

Freizeit wirkt sich – zumindest so gesehen – ganz offensichtlich partnerschaftschädigend aus. Was läuft da schief? Mit der Feststellung, wir können nicht mehr miteinander, ist es ja noch nicht getan.

Problem Nummer eins ist immer das Erkennen und Benennen des Problems, Problem Nummer zwei das Umsetzen.

Und dazwischen schlummert das größte Problem: die Lösungswilligkeit! Sich einfach mit gegensätzlichen Meinungen stehen zu lassen, einen Perspektivenwechsel zu vollziehen, zu verstehen, zu achten, was der andere will, wird nur dann getan, wenn Aussicht auf Sieg besteht. Schließlich muss es eine Belohnung dafür geben, über den mentalen Schatten zu springen.

Und so trauen wir uns nicht zu erfahren, was wirklich passiert, wenn unsere Meinung, wenn wir sie in den Raum gestellt haben, einfach nur so da stehen bleibt, und stehen bleibt und stehen bleibt…?

Kaum eine Partei begreift einen Streit als Entwicklungs-Prozess, als Veränderung also, sondern da wird ein Ziel gesetzt, und dem wird sklavisch hinterher gehechelt.

Die Flexibilität, die Einfühlsamkeit, das wirkliche Verständnis bleiben auf der Strecke. Eine sehr sportliche Auffassung. Ein Formel-1-Raser wird auch nicht dafür bezahlt, dass er nach einer Kurve hält und den von ihm abgeschossenen Konkurrenten einfühlsam befragt: Kommst du noch mit, geht's wieder?

Lösungswilligkeit heißt, die eigene Meinung in Frage zu stellen, zuzulassen, dass sie nicht hundertprozentig richtig ist, dass sie rein subjektiv und nicht die allein selig machende ist.

Es macht es nicht besser, wenn nur selig machende Meinungen aufeinanderprallen. Das adelt den Zusammenprall nicht, das schreit unüberhörbar nach Kompromissen oder Loslassen, aber auch dazu gehören zwei.

Ein Kompromiss sollte Ausdruck sein, dass jeder und niemand Recht hat. Ein Kompromiss hat was von leben und leben lassen. Niemand hat die Wahrheit!

In der Realität setzen wir aber Nachgeben mit Verlieren gleich. Ein Vergleich bedeutet Gesichtsverlust, wir haben unsere Position aufgegeben, verloren, nichts Adäquates dafür erhalten.

Bei einem Vergleich hat immer der Gegner gewonnen. Da tröstet es nicht, dass der das umgekehrt genauso sieht. Statt also zu sagen, ein Vergleich ist die einzige Art, einen Streit gerecht zu beenden, es hat halt niemand zu hundert Prozent Recht, wird mit dem Ergebnis gehadert, werden Gott und die Welt und auch der eigene Anwalt für diese Ungerechtigkeit verantwortlich gemacht.

Fehl am Platz ist auch der im Kompromiss liegende Denkfatalismus: „Von mir aus eben, wer weiß, wozu das gut ist." Das wissen wir nie und irgendwie ist alles immer für irgendetwas gut. Aber Sinn des Ganzen ist nicht, dass wir uns einen Vergleich als gefühlte Niederlage hinreden, sondern dass wir einen Vergleich als Vergleich sehen – mehr ist da auch nicht zu sehen. Gewisse Dinge sollten einfach nicht überinterpretiert werden.

Hier Verständigungsarbeit zu leisten ist Sisyphusarbeit. Verständnis für die Gegenseite anzusprechen wird aus Mandantensicht häufig als anwaltliche Todsünde gewertet: Vertreten Sie mich oder den Gegner?

Das führt zu der Frage: Wollen wir unsere Verhaltensmuster, unsere Alltagsspielchen, unsere Alltagsstreitereien wirklich loslassen? Vordergründig ja, aber porentief?

Diese permanenten Alltagsquerelen können schließlich so gewohnt und vertraut sein, dass ohne sie etwas fehlen würde. Sie sind damit hervorragende Zeitdiebe bzw. Zeittotschläger.

Würden sie wegfallen, hätte man plötzlich genau die Zeit, über die man sonst klagt, dass man sie nicht hat.

Somit sind sie auch eine vertraute Strategie, um sich selbst nicht begegnen zu müssen.

Wenn eine vertraute Aktivität wegfällt, entsteht ein Loch, nennen wir es ein Zeitloch. Ein Zeitloch zuzulassen und auszuhalten erfordert Mut.

Das Zeitloch dann sinnvoll oder sonst wie auszufüllen – über Sinn kann man schließlich wieder streiten – erfordert noch mehr Mut und Respekt für den, der das schafft. Denn der, der das schafft, schafft es, eingefahrene Bahnen zu durchzubrechen, sinnlose Routine aufzubrechen – eines der schwierigsten Unterfangen. Möglicherweise fällt dann dadurch auch die Motivation für weitere Auseinandersetzungen in altbewährter Manier einfach weg.

Wir halten uns mit unseren eingefahrenen Mustern auch selbst in Schach. Indem wir auf Positionen verharren, sie verteidigen bis ins Letzte, verweigern wir konstruktive Veränderungen, Bewegungen.

Und… wir verschieben das Leben in eine unbestimmte Zukunft zum Zeitpunkt X. Bevor der Streit ausgefochten ist, können wir schließlich nichts tun, wir sind wie gelähmt und nur damit beschäftigt, über den Fortgang des Streitens nachzudenken anstatt über das im Gegensatz zum Wunschergebnis verbleibende Endergebnis, und wie viel Porzellan auf dem Weg dahin zerschlagen wird.

Streiten lässt sich, vereinfacht gesagt, in zwei Hauptkategorien einordnen: in sinnvolles und sinnloses Streiten.

Der Haken an der Geschichte ist, dass wir jeden von uns initiierten Streit als sinnvoll betrachten und eine Einordnung in die zweite Kategorie nicht einmal „andenken“. Dies bleibt den von der Gegenseite inszenierten Streitfällen vorbehalten.

Was wir brauchen, ist ein Streit- und Spielchenbrecher und Mut, ihn anzuwenden.

9

Das neue Familienmitglied „Internet“

Vielleicht hat das Internet Sie ja zusammengebracht oder Sie haben auf diesem Weg schon einmal – mehr oder weniger ernst – einen Partner gesucht, vielleicht auch nur bei Ebay etwas ersteigert, an einem Forum teilgenommen, Erfahrungen ausgetauscht und sind sich dann auf diesem Weg nähergekommen?

Wenn Ersteres zutrifft, haben Sie mit dem Internet nicht nur so etwas wie ein neues Familienmitglied, dann haben Sie darin so etwas wie einen Ehevermittler, den man früher von Dorf zu Dorf schickte und mit Wurst, Speck, Kartoffeln und einer gehörigen Portion Bier bezahlte, den so genannten Hochzeitslader.

Die Internet-Flatrate ist da heute billiger und geht zudem noch weit über die Dörfer hinaus. Warum also nicht die Möglichkeiten unserer Zeit nutzen? Schließlich leben wir nicht zufällig im einundzwanzigsten Jahrhundert. Wir können die Zeit nicht anhalten oder gar zurückdrehen. Entweder wir gehen mit, oder wir werden rechts und links überholt. Dies gilt für eine Einzelperson ebenso wie für eine Firma, ein Land, einen Kontinent usw.

Mit dem Internet ist es wie mit allen anderen Dingen auch, wir können es für uns oder auch gegen uns wirken lassen.

Allein unser Umgang damit bestimmt über Wert oder Unwert, über Nutzen oder Schaden. Wir können den ungeheuren Informationsinhalt des Internets für unsere Arbeit und auch für unsere Weiterbildung nutzen, indem wir uns z.B. in die Webseiten der Universitäten, Bibliotheken und wissenschaftlichen Institute einklicken oder uns mit dem gleichen Zeitaufwand diverse Sexseiten ansehen oder Kriegsspiele herunterladen.

Wir haben die Wahl, und dies ist gut so. Hätten wir diese Wahl nicht, könnten wir uns auch nicht bewusst für diesen oder jenen Weg entscheiden.

Im Internet gibt es tatsächlich nichts, was es nicht gibt. Ähnlich wie wir eine Pizza zur Hauslieferung ordern können, können wir hier z.B. auch eine Sexualpartnerin oder einen Sexualpartner ordern, die oder den wir vorher gründlich und in allen Details am Bildschirm begutachten konnten.

Dies ist bei einer Pizza wiederum nicht möglich, die wird uns ohne vorherige Besichtigung geliefert. Hier gibt es nur so etwas wie ein fotografiertes Muster. Aber auf der körperlichen Ebene sind alle fotografierten Muster, sind Mann und Frau im Prinzip immer gleich, wenn wir einmal von Transsexuellen absehen, die durchaus zwei Geschlechtsmerkmale haben können.

Es gibt Menschen, die führen im Internet so etwas wie eine Nebenehe oder –partnerschaft. Sie schätzen dabei vor allem die Unverbindlichkeit.

Sie befriedigen sich an Fotos oder Videofilmen, betreten einen so genannten Chatroom und lassen dabei die Partnerin oder den Partner, mit dem sie leben, zur relativen Nebensache werden. Auch dies ist eine Form von Betrug, wenn wir diesen Ausdruck auch für partnerschaftliche Beziehungen gelten lassen wollen, was ja ohnehin in der Umgangssprache so geschieht.

Im Internet bleibt man unentdeckt.
Man muss sich nicht öffnen,
man muss nichts hergeben,
man braucht eigentlich niemanden –
der direkte Weg in die Isolation und Einsamkeit.

Besonders wenn es in einer Partnerschaft kriselt, ist dies ein häufig genutzter Ausweg. Nach außen wird die Form des Zusammenlebens gewahrt, im Inneren ist nichts als Leere. Verpackungen ohne Inhalt.

Wenn Sie dies einmal mit dem vergleichen, was ich im Kapitel über die Liebe gesagt habe, wo unser Urwunsch nach Einssein zwei Menschen miteinander verschmelzen lässt, wo Liebe uns rüttelt und schüttelt und wie Korngarben drischt, dann haben wir mit dem Internet das genaue Gegenteil.

Hier verschmilzt nichts, hier findet nichts zueinander, hier wird im Gegenteil separiert und isoliert. Aber auch da sollten wir niemanden verurteilen, wir haben kein Recht dazu. Wir können nur versuchen, die Dinge bewusst zu machen, und wie dann jemand damit umgeht, ist allein seine Sache. Er hat die Freiheit dazu.

Die Flucht ins Internet muss aber nicht vordergründig einen sexuellen Hintergrund haben. Es genügt schon der Wunsch nach Alleinsein, die Absicht, einem Gespräch aus dem Weg zu gehen, sich nicht einbringen zu müssen: „Du siehst doch, dass ich arbeite!“ Wer will schon stören, wenn jemand arbeitet, er wäre ja dann als der Störenfried entlarvt, hätte sich also nicht richtig verhalten.

Dass der Störenfried aber in Wahrheit hinter dem Bildschirm sitzt und lediglich einen Weg gefunden hat, sein wahres Motiv zu überdecken und sozialverträglich zu verpacken, wird meist nicht erkannt.

Ja, er verkehrt sein Motiv sogar ins genaue Gegenteil: „Er muss ja noch arbeiten", wie verdienstvoll! Woran er dann wirklich arbeitet (an seinem Verhalten wahrscheinlich am wenigsten), bleibt unentdeckt.

Nun machen Sie bitte nicht den Fehler, jedem, der hinter dem Bildschirm hockt, solche Motive zu unterstellen. Was ich hier sage, ist nur auffallend häufig so der Fall. Ich möchte lediglich auf solche Dinge aufmerksam machen, möchte zum Hinterfragen und auch zur kritischen Selbstbetrachtung anregen, mehr nicht.

Nicht immer ist etwas so, wie es im ersten Moment für uns aussieht. Ich darf noch einmal daran erinnern: Was für uns im ersten Moment so aussieht, hat sich meist nur einer Autobahn in unserem Hirn bedient.

Ebenso, wie sich ein Partner hinter den Bildschirm flüchten kann, wird dieser Weg inzwischen von Kindern und Jugendlichen genutzt. Es ist für sie der Weg, sich so etwas wie eine Freizone zu schaffen, nicht am Gequatsche und an den Umtrieben der Familie teilnehmen zu müssen und sich stattdessen mit Gleichgesinnten zu vernetzen.

Aber können wir solchen Jugendlichen einen Vorwurf machen? Müssen wir uns nicht fragen, warum sie nicht am so genannten Familienleben teilnehmen wollen? Findet ein solches vielleicht gar nicht erst statt oder ist es so ätzend, wie Jugendliche es wohl ausdrücken würden, dass sie jede Fluchtchance nutzen?

Nun ist es normal und sogar notwendig, dass junge Menschen sich aus ihrer Ursprungsfamilie lösen und eigene Wege suchen und dann auch gehen. Wenn dies nicht so wäre, würde die Menschheit auf der Stelle treten.

Alles würde brav so weitergemacht, wie die Eltern es vorgemacht haben. In den meisten Fällen kann man nur froh sein, dass dies nicht so geschieht.

Unsere Aufgabe als Eltern ist es, unseren Kindern das notwendige Rüstzeug für den eigenen Weg zu vermitteln. Sie müssen nicht unseren Weg gehen, sie haben das Recht auf ihren eigenen Weg. Wir haben das so gesagt! Aber wenn wir es zulassen, dass z.B. ein zwölf- bis dreizehnjähriges Kind den größten Teil seiner Zeit unkontrolliert am Computer verbringt, dann vermitteln wir ihm damit das Rüstzeug für den eigenen Weg garantiert nicht.

Sie verstehen jetzt besser, warum ich das Internet als neues Familienmitglied bezeichnet habe. Es ist ebenso prägend, wie andere Familienmitglieder prägend sind, und seine prägende Bedeutung wächst ständig.

Eine Zeit lang kam diese Rolle dem Fernsehen zu. Bei kleineren Kindern ist dies auch heute noch so, aber sobald der eigene Computer vorhanden ist, übernimmt er lückenlos die Rolle des Fernsehers. Der Fernseher stand im Wohnzimmer und war damit für alle einsehbar. Was ich aber hinter dem Bildschirm meines Computers treibe, womöglich noch in meinem eigenen Zimmer, ist für niemanden einsehbar.

So lebt man auch in einer Familie in seiner eigenen Welt und versteht dadurch natürlich die Welt der anderen immer weniger. Man muss sie ja auch nicht verstehen, wozu die Anstrengung, man kann sich ja ganz einfach zurückziehen.

Was passiert aber nun, wenn ein so aufgewachsener Jugendlicher später einmal eine eigene Partnerschaft eingeht – wenn er dann dazu überhaupt den Mut hat? Vermutlich wird er lediglich dazu beitragen, die Statistik der Ehescheidungen in die Höhe zu treiben, denn zu dem, was er da eingeht, nämlich eine Partnerschaft, hat er leider keinerlei taugliches Vorbild oder gar eigene Erfahrung sammeln können.

Nun können wir das alles beklagen, können davon reden, dass früher alles anders war, die Jugend von heute …usw. Aber wem hilft das? Niemandem!

Ich befürchte, dass das gute alte Modell der Ehe („bis dass der Tod uns scheidet") allmählich zum Auslaufmodell wird. Die Statistiken sprechen dafür. Dies geschieht nicht in den nächsten zwanzig oder dreißig Jahren, dazu hat es eine zu lange Tradition. Aber hätten wir die Chance, in vielleicht hundert oder zweihundert Jahren noch einmal darüber zu reden – die haben wir nun aber leider nicht –, würden wir uns sicher in einer ganz anderen Gesellschaftsordnung wiederfinden. Ich überlasse es Ihnen, sich das näher auszumalen.

Die entscheidende Frage ist allein, was wir jetzt tun können, um diese Zukunft ein wenig zu beeinflussen.

Und da ist vor allem eines: Bewusstheit in unser Denken und Handeln zu bringen, das heißt ganz einfach, unser Denken und Handeln kritisch zu hinterfragen. Nicht einfach mitzumachen und mitzuschwimmen auf der Welle dessen, was man so tut und was man nicht tut. Sich weniger darum zu kümmern, wie etwas aussieht, was andere darüber denken, wie wir in den Augen anderer dastehen, und nicht unbedingt mit allem mithalten wollen. Meistens lohnt es sich nicht einmal.

Dazu gehört Mut. Dazu gehört der Mut, den eigenen Weg zu gehen, den eigenen Maßstab zu setzen und ihn sich nicht setzen zu lassen.

Glück und Zufriedenheit können wir nur aus uns selbst heraus und niemals von außen beziehen.

Wir wollen doch, dass unsere Kinder glücklich und zufrieden leben, aber bringen wir ihnen dies auch wirklich bei? Leben wir ihnen so etwas vor?

„Wie innen – so außen“ heißt der hermetische Lehrsatz. Er ist nicht umkehrbar, obwohl dies immer wieder versucht wird. Wenn wir auch nur dies Eine unseren Kindern vorleben, wenn sie es bei uns erfahren können, haben wir etwas Wunderbares für sie getan. Es wiegt mehr als alle Designerklamotten oder jedes noch so begehrte Handy, das wir ihnen schenken könnten.

Logisch, dass unsere Kinder das ganz anders sehen. Sie wachsen in eine Welt hinein, die ihnen Glück und Zufriedenheit von außen suggeriert. Aber irgendeine kleine Aufgabe muss uns doch auch noch bleiben – oder?

Nicht jede Familie, nicht jede Partnerschaft, die, von außen betrachtet, gut dasteht, steht auch im Inneren gut da. Ja, ganz im Gegenteil. Je mehr das Außenbild gehegt, gepflegt und verteidigt wird, desto brüchiger ist es meist im Inneren. Warum sonst wäre ein solcher Pflegeaufwand notwendig, wenn doch alles zum Rechten stünde?

In meiner Praxis erlebe ich Millionäre und Multimillionäre, die über ihr verpasstes Leben weinen. Materiell haben sie alles erreicht, was man erreichen kann, aber gelebt haben sie eigentlich nicht. Sie waren stolz auf ihr Pokerface und ihre Schlitzohrigkeit, sie herrschten und ließen niemand an sich heran. Sie blieben undurchschaubar und durchschauten sich dann irgendwann selbst nicht mehr. Sie verwechselten sich mit dem, was sie hatten, und wurden jenseits dieses Habens zum Bedürftigen. Hätte man ihnen das Haben genommen, wäre von ihnen selbst nichts übrig geblieben.

Nun habe ich nichts gegen jemanden, der eine oder gar mehrere Millionen besitzt, und ich würde gerne selbst dazu zählen. Es ist grundsätzlich nicht falsch, ein Habender zu sein, denn nur wer etwas hat, kann etwas geben, und wer reichlich hat, kann sogar reichlich geben.

Der Weg in die Unzufriedenheit aber beginnt damit, dieses Haben ausschließlich auf der materiellen Ebene zu sehen und die geistig-seelische

Ebene weitgehend abzuschalten. „Gefühle kann ich mir in meiner Position nicht leisten.“

Ein Reicher, der sich das, was ihn noch reicher machen könnte, nicht leisten kann, lebt in wahrer Armut.

Ich möchte Ihnen auch dazu ein relativ unspektakuläres Beispiel aus dem ganz normalen Leben nennen: Die alleinerziehende Mutter eines vierzehnjährigen Jungen möchte, dass es ihrem Jungen, trotz ihrer als recht beengt zu bezeichnenden finanziellen Situation, an nichts fehlen soll. Er soll in allem mithalten können und nicht abseits stehen müssen.

Um dies bewerkstelligen zu können, hat sie neben ihrem normalen, achtstündigen Bürojob noch einen abendlichen Nebenjob in einem Restaurant angenommen, wo sie dann auch meist noch am Wochenende aushilft. Schließlich bringt das auch noch was ein. Das heißt, dass sie ihren Sohn, für den sie dies ja alles tut, nur noch recht selten sieht, und wenn, dann nur sehr kurz. Vertrautheit, Teilnahme am Leben des anderen oder gar so etwas wie ein Team- oder Zusammengehörigkeitsgefühl gehen mit der Zeit immer mehr verloren.

Dafür verfügt der Herr Sohn über Jeans mit dem richtigen Label, ein vorzeigbares Handy, Sportschuhe, die momentan in sind, die richtige Outdoorkleidung usw. Er entwickelt sich immer mehr zu einem Fass ohne Boden, denn seine Ansprüche steigen mit zunehmendem Lebensalter und zu den Geburtstagen seiner Freunde kann er auch nicht gehen, ohne das richtige Geschenk zu präsentieren.

Die Mutter streikt, das heißt, sie kann einfach nicht mehr, als ihr Sohn das Alter erreicht hat, in dem nun der Erwerb des Führerscheins ansteht und natürlich auch irgendein Auto auf seiner Wunschliste steht. Natürlich nur, um mithalten zu können, wie die Mutter es ja immer gewünscht hat.

Es kommt zu Krach und tiefem Zerwürfnis zwischen Mutter und Sohn, und der junge Herr zieht mehr oder weniger aus der bisher gemeinsamen Wohnung aus. In diesem Haus und in dieser Gegend kann er sich ohnehin nicht mehr sehen lassen.

Die Mutter ist zutiefst von ihrem Sohn enttäuscht. Hat sie denn nicht immer alles für ihn getan? Hat sie denn nicht auf einen Großteil ihres Lebens verzichtet und sich aufgeopfert, nur damit er auf nichts verzichten musste? Und nun ist dies der Dank! Womit hat sie das nur verdient?

Ich weiß nicht, wie Sie das empfinden. Ich kann bei solch selbstgemachten Melodramen nur amüsiert schmunzeln. Hier wird der Täter zum Opfer, hier wird der, der einen jungen Menschen zu dem hinerzogen hat, was er nun in seinem Leben umsetzt, zum bemitleidenswerten Opfer. Hat sie denn nicht immer alles getan?

Natürlich hat sie alles getan, aber leider hat sie genau das Falsche getan. Statt ihm Liebe, Nähe, Vertrautheit, Zärtlichkeit und so etwas wie ein Zuhause zu geben, hat sie ihn mit Materie abgespeist. Zu dem, was viel wichtiger gewesen wäre, hatte sie leider keine Zeit mehr. Wann hätte sie denn auch das noch tun sollen?

So, wie jeder von uns der Verursacher seiner eigenen Lebensumstände ist (bewusst oder unbewusst), so verursachen wir auch die Lebensumstände der uns folgenden Generation.

Die folgende Generation wächst ja nicht auf irgendeinem fernen Planeten auf und kommt dann völlig überraschend zu uns, sie baut lediglich auf dem auf, was wir als Grundstein gelegt haben.

Also bringen wir Bewusstheit in unsere Grundsteinlegungen, „verursachen“ wir ganz bewusst das, was wir uns für unser Leben und das Leben unserer Kinder vorstellen.

Bedauern, wehleidiges Beklagen, Verzweiflung, Verständnislosigkeit und das Bemühen irgendeines unverdienten Schicksals sind dann völlig überflüssig.

Die juristische Betrachtung

Der hauptsächliche Scheidungsgrund Nummer eins lautet:

„Wir haben uns auseinandergelebt."

Der Standardgrund dafür:

Gesprächslosigkeit, Ausweich- und Ablenkungsmanöver.

Dass das Internet dazu einen entscheidenden Beitrag leistet, dürfte jedem klar sein. Das Bild ist fast immer das gleiche. Man hatte einfach nicht mehr genügend über sich und über die Beziehung gesprochen.

Und das in einer Welt, in der kommunikationsmäßig alles möglich wäre! Aber wie es halt so ist, wir kommunizieren mit allen und jedem auf Teufel komm raus – leider auch gerne per Handy in der S-Bahn – aber da, wo wirklich Worte notwendig, sinnvoll und nützlich wären, in der Familie, beim Partner, da verfallen wir in komatöses Schweigen.

Verständigung wird auf das reduziert, was notwendig ist, verkommt so zu bloßen Arbeitsanweisungen. Mach dies, mach das, denk daran, holst du mal, vergiss nicht, kannst du endlich mal, wie oft muss ich das noch sagen?...

Schuld daran sind natürlich nicht wir, sondern hauptsächlich der Alltag, die Umstände, das Leben,... ähnlich einem wundervollem Cartoon von Perscheid, bei dem ein gerade über die Straße gegangenes Paar rücklings auf dem Gehsteig vor eine Hauswand gefallen ist und im Liegen sagt: Egal, wer die Wand dahin gebaut hat, wir werden ihn verklagen!

Im Rechtsleben entsteht oft der Eindruck, dass Klagen dazu da sind, sich über eine Rechtsmeinung eine Rechtfertigung, eine Entschuldigung zu holen, sich von Verantwortung freizusprechen.

Wir können ja nichts dafür, wir mussten ganz einfach so handeln, es steht ja auch im Gesetz, dass ich mir das nicht gefallen lassen muss. Aber es steht natürlich auch nicht da, dass ich klagen muss. Meine Wahlfreiheit ist nirgendwo eingeschränkt.

Durch die Übersetzung von Problemen in Paragraphen rückt das „Recht-Haben“ in den Vordergrund, meistens sogar über alle Dinge, die wichtiger genommen werden als die Menschen. Damit entfremden wir uns erst recht voneinander.

Wer Entfremdung vermeiden will, kommt somit nicht umhin, seinen Mund aufzumachen und klar und deutlich seine Vorstellungen zu vermitteln.

In juristischen Verfahren werden dazu konkrete Anträge gestellt, damit jeder weiß, was Sache ist. Das ist eine der nützlichen Seiten der Justiz. Das gibt Klarheit, die dann zwar im Laufe der Prozesse oft wieder verwässert wird, aber wir müssen ja nur das Positive in den Alltag übernehmen. Diese Klarheit geht in Beziehungen oft ab.

Vielen Scheidungen geht eine lange Phase von unspektakulärer Unzufriedenheit voraus. Von Gegensteuerungsmaßnahmen berichten die wenigsten. Irgendwie scheint sich desillusionierend in den Köpfen festgesetzt zu haben, dass das der natürliche Lauf der Dinge ist und man dagegen gar nichts machen kann.

Mit der Heirat ist das gegenseitige Bemühen umeinander vollendet, man geht bereits da ganz sachlich davon aus, dass die Liebe irgendwann wegbleibt, verwechselt das zum Teil auch mit dem Bett und zeigt sich schon dankbar, wenn man es dann trotzdem irgendwie miteinander aushält.

Bei dieser realistischen, anspruchslosen Denkungsart beginnt die Trennung schon vor der Heirat. Und die Defizite bei „einander zuhören, miteinander reden und sich dafür Zeit nehmen" sind mit eingeplant. Klarheit bestand hier nur über das zwangsläufige Auseinanderdriften.

Wie steuert man gegen? Indem man einfach dran bleibt am gegenseitigen Verstehen-Wollen und den Zeitpunkt nicht verpasst!

Bei der Scheidung ist es zu spät. Da wollen die wenigsten das Rad zurückdrehen. Allgemeine Meinung ist auch, dass das, was bereits einmal verfahren ist, nicht mehr zu retten ist. Auch dies ein Denken, das die Entfremdung vorprogrammiert und verfestigt. Aber warum? Woher kommt eine solch verhängnisvolle Programmierung? Wir können doch immer und jederzeit eine Kehrtwendung vollziehen, wir müssen doch nicht erst vor dem Familiengericht erkennen, was falsch gelaufen ist. Eine Erkenntnis, die wir dann in der Regel auch noch sehr teuer bezahlen müssen. Der Ansatz zur Besserung sollte tunlichst früher kommen, und zwar bei den ersten Anzeichen von Entfremdung.

Jetzt ist es zwar klischeehaft so, dass Männer von Haus aus mundfaul sind und vor dem weiblich-verbalen Sezieren des Gefühlslebens instinktiv flüchten und die Frauen den notwendigen Klartext lediglich durch die Blume vermitteln, wodurch er für den Mann nicht unbedingt klarer wird. Aber Klischees sind dazu da, widerlegt und überwunden zu werden.

Entfremdung vermeidet man, indem man auf die Bedürfnisse hinter den Worten hört.

Interessante Ansätze gibt es hier über viele Kommunikationstechniken wie die gewaltfreie Kommunikation nach Marshall Rosenberg oder einfach andere Schlichtungs-Mediationsmethoden.

Zuhören ist mit das Schwierigste überhaupt.

Reines Zuhören haben wir – wage ich zu behaupten – gründlich verlernt. Der Verstand ist darauf getrimmt, immer alles gleich zu kommentieren. Wir haben die Antwort schon parat, bevor der andere ausgeredet hat.

Sobald wir aber beim Zuhören nicht gleich abschalten, weil wir zu wissen meinen, was uns gesagt wird, hören wir auch die Zwischentöne, hören wir die Not und die Bedürfnisse hinter den Worten.

In der Regel aber hören wir einander schon deshalb nicht besonders konzentriert zu, weil wir uns gleichzeitig gefordert fühlen, unsere Gedanken zu sortieren, nicht zu vergessen, was wir selber sagen wollen, das soeben Gehörte darin einzubauen, um dann zum brilliant pointierten schlagfertigen Gegenmonolog anzusetzen.

Damit sind wir bei der nächsten Hürde, dem Reden. Die Kunst, die richtigen Worte zu finden, die Kunst respektvollen Miteinanderredens, die Kunst, die eigenen Wünsche zu benennen.

Unser Hauptproblem dabei ist, dass wir denken, wir können etwas nicht sagen, weil es den anderen verletzen und enttäuschen wird. Oder wir wissen einfach nicht, wie wir was sagen sollen, wie wir das Thema anschneiden sollen, das uns wichtig ist. Und bevor wir es falsch machen, halten wir dann lieber den Mund oder lassen andere für uns reden, was aber umso gründlicher schief gehen kann, da wir dann die Formulierungen erst recht nicht mehr im Griff haben.

Gerade bei juristischen Verfahren, also der klassischen Kommunikation über Dritte, durch Anwälte, besteht die Gefahr, dass das eigentliche Problem durch die juristische Versachlichung oder Verklausulierung nicht enttarnt wird.

Die Gegenmittel klingen einfach. Aber sie sind es natürlich nicht. Ich halte zwar nicht viel von der allgemeinen euphorischen Denkwelle „ich schaffe alles, was ich mir wünsche“. Das ist unrealistisch und zieht nur Schuldgefühle und Frust nach sich, wenn der Wunsch nicht erfüllt wurde, aber mit Schaffen gewisser freundlicher Grundvoraussetzungen kann man durchaus so etwas wie Wunder erwarten.

Und dies zum Teil im „Turbotempo,“ wenn wir zum Beispiel durch beherztes Ansprechen der misslaunigen Stimmung erfahren, dass diese überhaupt nichts mit uns zu tun hat, sondern mit vorangegangenem Ärger in der Arbeit.

Zugebenermaßen ein „plattes“ Beispiel, aber wir sollten von der Denkart herunter kommen, dass Problemlösungen in jedem Fall aufwendig, tränenreich, kompliziert, langwierig und mit mentalem Stress verbunden sind.

Das trifft vielmehr auf juristische Auseinandersetzungen zu, in denen wir oftmals wie ein blindes Huhn die Wahrheit suchen. Wenn einem Problem bereits bei seinem Auftauchen entgegengetreten wird, können derart ungute Folgen vermieden werden. Und diese „Arbeit“ kann uns niemand abnehmen, da müssen wir selbst ran.

Es gibt keine Wunderlösungen, allenfalls Lösungen mit Wunder – vielleicht …

10

Ganz zum Schluss die Eifersucht
Wie viel kann, wie viel darf, und was ist krank?

Eifersucht ist, wie das Wort es schon sagt, tatsächlich eine Sucht. Sie besitzt die typischen Merkmale einer Sucht und ist für den, der von ihr erfasst wird, in der Regel nur schwer oder nicht mehr beherrschbar.

Ein eifersüchtiger Mensch sieht das Geschehen allein mit seinen Augen, und was seine Augen sehen, bestätigt ihm jedes Mal den Grund seiner Eifersucht. In seinem Kopf läuft ein Film ab, an dem niemand anders teilnehmen kann. Er lebt in einer Wahrheit, die allein seine Wahrheit ist, er lebt in Ängsten, die allein seine Ängste sind.

Dass er in gewissen Dingen so etwas wie einen Sehfehler haben könnte, wie ich es einmal vorsichtig ausdrücken will, vermag ihm niemand beizubringen. In seinem selbst errichteten Gefängnis, in seiner einmal gefundenen Wahrheit ist und bleibt er unerreichbar.

In der Psychotherapie könnte man eine solch krankhafte Eifersucht auch als Wahnmodell bezeichnen. Dazu möchte ich Ihnen einmal ein recht einfaches Beispiel eines Wahnmodells vor Augen führen, damit Sie besser verstehen, was damit gemeint ist:

Ein Mensch lebt z.B. in der festen Überzeugung, dass er eine höchst lächerliche Figur sei, dass alle über ihn reden und sich, natürlich nur hinter seinem Rücken, köstlich über ihn amüsieren.

Er geht nun an einem Samstagmorgen durch die Stadt, und auf der anderen Straßenseite sieht er zwei Kollegen, die sich angeregt unterhalten. Die Kollegen sehen auch ihn und winken freundlich lächelnd herüber. Er erstarrt! *„Die haben doch ganz bestimmt wieder über mich geredet und das heuchlerische Lächeln, als sie mich sahen, hat sie ja auch mehr als deutlich entlarvt.“*

Sehen Sie, das ist ein typisches Wahnmodell. Alles, was geschieht, bestätigt die Richtigkeit der zur Wahrheit gewordenen wahnhaften Einbildung. So etwas ist tatsächlich wie ein Gefängnis, in dem man sitzt und aus dem es keinen Ausgang zu geben scheint.

Mit der Eifersucht ist dies nicht viel anders. Sicher kennen Sie die Definition des Volksmundes: Die Eifersucht ist eine Leidenschaft, die mit Eifer sucht, was Leiden schafft.

Jedes noch so kleine Zeichen, jede noch so belanglose Geste oder Bemerkung wird als Bestätigung des eigenen Verdachts gewertet, und am beweiskräftigsten gilt natürlich die Versicherung des Gegenübers, dass wirklich keinerlei Grund zur Eifersucht bestehe.

Warum würde er oder sie so etwas sagen, wenn es tatsächlich keinen Grund gäbe? Wenn er oder sie hingegen zu eifersüchtigen Vorhaltungen schweigt und sich nicht dazu äußert, ist dies natürlich ebenso verdächtig wie das Bestreiten der Vorwürfe. Ausweglos!

Nun höre ich auch manchmal die Meinung, dass Eifersucht ein Zeichen besonders starker Liebe sei. Nur weil man den Menschen liebe, habe man ja solche Angst, ihn zu verlieren.

Verzeihung, leider nichts als barer Unsinn. Liebe kennt keine Angst, Liebe will nichts für sich. Wir haben darüber gesprochen. Hier ist es unter anderem wieder einmal der Meinanspruch, den wir ja schon behandelt haben, die Triebfeder.

Eifersucht ist immer ein Zeichen mangelnden Selbstbewusstseins, eines mangelnden Selbstwertgefühls und mangelnder Selbstliebe.

Weil ich das alles für mich selbst nicht aufbringen kann, beziehe ich es durch einen anderen, und wenn dann der oder die andere verloren zu gehen droht, ob nun real oder nur in meiner Phantasie, aktiviert dies alle Überlebensmechanismen.

Es wird gekämpft, überwacht, kontrolliert, beobachtet und kombiniert, bis schließlich der anfängliche Verdacht, bis schließlich die anfängliche Angst zur unumstößlichen Wahrheit geworden ist.

Mit dieser nun endlich gefundenen Wahrheit kann man dann lückenlos in die Leidensrolle des oder der Betrogenen schlüpfen und sich auf diesem Weg wieder so etwas wie Zuneigung und Verständnis verschaffen. Bei Eltern, Freunden, Nachbarn usw. *Der arme Herr … , die arme Frau … , womit hat er oder sie das nur verdient? Sie/er war doch wirklich nur für ihren Mann/seineFrau da.*

Ein unwürdiges Spiel, aber seien wir nicht zu hart in unserem Urteil, dieses Spiel ist für den Betroffenen selbst nicht durchschaubar. Für ihn ist ja der Wahn, in dem er lebt, die bewiesene und unumstößliche Wahrheit.

Sollten Sie versuchen, ihn von der Grundlosigkeit seiner Eifersucht zu überzeugen, kann es in seinen Augen nur so sein, dass Sie vom Objekt seiner Eifersucht bestochen wurden und natürlich mit ihm unter einer Decke stecken, wie man das so schön ausdrückt. Einem Eifersüchtigen kann man halt nichts vormachen, er merkt wirklich alles.

Nun habe ich hier ein extremes und damit absolut krankhaftes Beispiel einer Eifersucht erklärt. Solche Wahnmodelle können sich innerhalb einer Partnerschaft auch auf vielen anderen Feldern entwickeln.

Ich hatte einen Fall in meiner Praxis, wo eine Frau mittleren Alters in der Überzeugung lebte, dass ihr Mann sie nur kleinkriegen und beherrschen wolle, wogegen sie sich unbedingt wehren müsse, um nicht völlig unterzugehen. Alles, was er tat, was er sagte, wie er sich verhielt, galt ihr als Beweis der Richtigkeit ihrer einmal gefundenen Überzeugung.

Machte er ihr großzügige Geschenke, wollte er sie dadurch nur fühlen lassen, dass … Machte er ihr keine Geschenke, wollte er sie auch dadurch nur fühlen lassen, dass … Versuchte er sie für eine Weiterbildung zu motivieren, wollte er damit natürlich nur demonstrieren, wie überlegen er selbst und wie unzulänglich sie ihrerseits sei. Tat er nichts in dieser Richtung, war auch dies nichts anderes als der Beweis dafür, dass er sie dazu nicht für fähig hielt.

Jede Bemerkung, die er im tägliche Zusammenleben machte, jede Redewendung wurde sorgsam auf seine versteckten bösen Absichten hin untersucht, von ihr dann meist auch als solche entlarvt und umgehend beantwortet.

So lebte sie jede Sekunde in Habachtstellung, lebte jede Sekunde in Verteidigungshaltung und verhinderte somit ein ganz normales Zusammenleben. Sie verkrampfte immer mehr, konnte keine Sekunde loslassen und entwickelte sich mehr und mehr zur Kampfmaschine.

Die typischen körperlichen Symptome ließen dann auch nicht lange auf sich warten: Verstopfung (nicht loslassen können), Rückenschmerzen (Erstarrung und Unbeugsamkeit), Schwindelgefühle (den Boden unter den Füßen verlieren) usw.

Er zog es dann vor, zu schweigen und sich immer mehr zurückzuziehen. Er genoss die Zeit ohne sie und versuchte die Zeit mit ihr irgendwie – und vor allen Dingen kampflos – zu überstehen.

Aber auch hier müssen wir wieder Nachsicht üben. Für sie war ihr Wahn ja die Wahrheit und am wenigsten konnte ihr Mann ihr bei der Überwindung dieser Problematik helfen. Jeden Versuch in diese Richtung hätte sie – wie immer in solchen Fällen – als weiteren Beweis für die Richtigkeit ihrer eigenen Wahrheit gewertet. Er wolle sie nur einlullen, ihre Wachsamkeit einschläfern, aber da habe er sich getäuscht, sie lasse sich nicht mehr unterkriegen.

In Fällen eines sich etablierenden oder sich bereits gefestigten Wahnmodells kann nur eine qualifizierte Hilfe von außen mit einigermaßen Aussicht auf Erfolg greifen, was allerdings eine der schwierigsten Aufgaben ist.

Dass sich die Problematik ganz von alleine wieder auflöst, ist die absolute Ausnahme. Viel eher ist eine Steigerung zu erwarten, die so weit gehen kann, dass z.B. im Falle einer krankhaften Eifersucht eine andere Frau oder ein anderer Mann bewusst auf den oder die Partnerin angesetzt wird, um deren Treulosigkeit schwarz auf weiß zu beweisen.

Schlägt ein solcher Versuch fehl, kann es für den Auftraggeber/in nur so sein, dass der Plan frühzeitig durchschaut oder gar verraten wurde. Man kann sich eben auf niemanden mehr verlassen. Aber wozu auch, man weiß ja schließlich schon genug.

Die letzte Stufe des Wahns ist dann oft die Flucht in die Krankheit. Der Partner oder die Partnerin soll durch Krankheit gebunden werden. *„Du wirst mein Elend doch nicht ausnutzen wollen und mich auch jetzt noch betrügen oder verlassen wollen – das würde ich nicht überleben – hast du denn gar keinen Anstand mehr, du siehst doch, wo du mich hingebracht hast.“*

Aber auch hier bitte Vorsicht. Auch der letzte Ausweg, der Weg in die Krankheit, geschieht nicht durch willentlichen Beschluss. Das Unterbewusstsein zieht diese letzte Trumpfkarte. Die Krankheit wird zwar nicht bewusst eingeleitet, dann aber in der Regel dankbar angenommen. Darf man doch jetzt ganz offiziell und ärztlich anerkannt leiden, wogegen einem früher nur Eifersucht unterstellt wurde.

Die Problematik: Lässt man sich durch eine solche Krankheit erpressen, zeigt sie Erfolg, wird das Unterbewusstsein der betreffenden Person die Krankheit so schnell nicht wieder hergeben. In der Regel kommt es dann zu einer Chronifizierung. Die Krankheit hat sich ja als Instrument zur Erreichung sonst nicht erreichbar scheinender Ziele bewährt. Ein Fall für die Psychosomatik.

Geht man nicht auf die Krankheit ein, zeigt man sich dadurch nicht erpressbar, besteht die Gefahr, dass in extremen Fällen die Beweissucht für die Richtigkeit der eigenen wahnhaften Vorstellungen die betreffende Person zunächst über einige Suizidversuche und dann letztlich bis in den Suizid treibt. Rechthaben bis in den Tod – ein Fall für die Psychiatrie.

Nun habe ich hier extreme Situationen aufgezeigt, um die Problematik dazustellen. Es gibt viele Schattierungen der Eifersucht, und mal ein bisschen eifersüchtig zu sein, hat mit dem, was ich hier geschildert habe, absolut gar nichts zu tun. Wäre es mir völlig gleichgültig, was mein Partner so treibt, wäre das wohl ebenso wenig in Ordnung.

Zu behandeln ist eine Eifersucht immer dann, wenn sie eine Partnerschaft behindert und das tägliche Zusammenleben zerstört.

Der Behandlungsansatz muss dann immer an den Wurzeln des Problems, des mangelnden Selbstbewusstseins, des mangelnden Selbstwertgefühls und der mangelnden Selbstliebe des oder der Betroffenen erfolgen. An den Auswüchsen der Eifersucht herumzudoktern hieße nur am Blattwerk herumzuschneiden, und dieses Blattwerk wächst immer wieder nach.

Aber was ist nun in Fällen einer Eifersucht, die man als durchaus berechtigt bezeichnen könnte? In Fällen, in denen die Untreue oder zumindest der Hang eines Partners zu solchem Verhalten tatsächlich und objektiv bewiesen ist?

Eifersucht ist niemals berechtigt, sei der Grund dazu nun bewiesen oder nur in der Phantasie vorhanden.

Ist das Fehlverhalten eines Partners beweisbar, haben Sie im Prinzip nur drei Möglichkeiten:

1. Sie verzeihen und versuchen Ihre Beziehung zu heilen, wozu natürlich immer zwei gehören.

2. Sie machen einfach so weiter und beklagen Ihr ungerechtes Schicksal.

3. Sie ziehen sofort alle Ihnen als geeignet und notwendig erscheinenden Konsequenzen in Richtung einer Trennung.

Um Ihnen das Verzeihen etwas leichter zu machen, wenn Sie sich für diesen Weg entscheiden, möchte ich Ihnen folgende Überlegungen nahebringen:

In einer wirklich funktionierenden Partnerschaft, die auf tiefer Verbundenheit, auf Liebe, Nähe und Vertrauen aufgebaut ist, käme es keinem der Partner in den Sinn, andere Wege zu gehen. Warum auch, er findet in seiner Partnerschaft alles, was er sucht, und ist für niemand anderen erreichbar.

Wenn es also tatsächlich einen objektiv beweisbaren Grund zu einer Eifersucht geben sollte, muss in dieser Partnerschaft schon vorher etwas nicht in Ordnung gewesen sein, oder es wäre nicht zu diesem Grund gekommen. Eine Partnerschaft besteht nun einmal aus zwei und nicht nur aus einem Menschen.

Also sollten sich beide Partner fragen, was da schiefgelaufen ist, sollten sich beide fragen, was sie in dieser Partnerschaft nicht geben oder empfangen können und deshalb woanders suchen.

Sich selbst als untadelig hinzustellen und ausschließlich den Partner oder die Partnerin als schuldig zu sehen, ist sicher kein Weg zur Heilung einer Partnerschaft.

Wir zwingen den anderen, das Büßerhemd zu nehmen, und das wird er dann so schnell wie möglich wieder auszuziehen versuchen. Harmonie ist etwas völlig anderes. Harmonie ist ein ständiges Geben und Nehmen und dieses Nehmen und Geben muss in der Balance sein.

Wenn Sie sich für den zweiten Weg entscheiden, so zu tun, als wäre nichts, und Ihr unverdientes Schicksal einfach hinzunehmen, müssen sie entweder sehr leidensfähig oder leidensunfähig sein.

Wobei ich mich frage, ob es der Sinn einer Partnerschaft sein kann, „leidensfähig" zu sein. Aber das können Sie nur selbst entscheiden, vielleicht wegen der Kinder, des Hauses, der Versorgung, der Angst vor dem Alleinsein usw. Ich habe das schon einmal angesprochen. Bitte glauben

Sie mir, all dies kann Ihnen ein Stück erlittenen statt gelebten Lebens nicht wiederbringen.

Leichter geht es natürlich, wenn Sie sich als leidens*un*fähig erweisen. Nun werden Sie sich fragen, was das denn nun sein soll, schließlich kann doch jeder Mensch irgendwie leiden, hat doch jeder irgendwo einen schwachen Punkt. Natürlich ist das richtig, aber wir reden ja hier über ein ganz konkretes Thema und nicht über irgendeinen schwachen Punkt.

Wenn Sie es tatsächlich schaffen, Ihrem Partner alle Freiheiten zuzugestehen, ohne auch nur irgendwie darunter zu leiden, ohne dass Ihnen das irgendwie zu schaffen macht, dann können Sie natürlich so tun, als wäre nichts, und einfach so weitermachen.

Ob man das dann allerdings noch als eine Partnerschaft, wie ich sie in diesem Buch verstehe, bezeichnen kann, wage ich zu bezweifeln. Es ist dann wohl eher eine Geschäfts- oder Versorgungsbeziehung.

Nun haben wir ja auch das Thema Liebe sehr ausführlich behandelt und dabei gesagt, dass wirkliche Liebe weniger auf sich selbst als vielmehr auf das Wohl des anderen ausgerichtet ist und vor allem keinen Eigentumsanspruch stellt.

Könnte man dann also sagen: „Ich liebe ihn oder sie so sehr, dass ich alles verzeihe, wenn er oder sie dabei nur glücklich ist?“ Was meinen Sie?

Meine Antwort tendiert in diesem Fall sehr zu den sprichwörtlichen Antworten von Radio Eriwan: Im Prinzip ja … aber!

Überlegen wir noch einen Moment. Wir reden hier von wirklicher Partnerschaft, von einer engen und intimen Beziehung zwischen zwei Menschen, die auf Nähe, Vertrauen und dem an sich unerfüllbaren Wunsch nach Einssein aufgebaut sein sollte. Von einer Partnerschaft, in der dies dann alles auch in der Sexualität zum Ausdruck kommt, einer Partnerschaft, in der man das Leben wirklich miteinander teilt.

Kann man von einer solchen Partnerschaft auch noch dann reden, wenn einer der Partner andere Wege geht und ihm nach dem Motto – wenn er nur glücklich ist – alles verziehen wird?

Für mein Empfinden wird hier eine Grenze überschritten und der Begriff der Liebe etwas überstrapaziert. Natürlich kann man verzeihen, wenn man liebt, natürlich kann man auch mehrmals verzeihen, wenn man liebt, aber wenn so etwas zum Dauerzustand wird oder sogar nach dem Motto „wenn du mich wirklich lieben würdest, würdest du mir auch alles verzeihen können" eingefordert wird, dann scheint hier in meinen Augen etwas gründlich missverstanden zu sein.

Aber auch hier hat jeder Mensch das Recht, seinen eigenen Maßstab zu setzen.

11

Anhang

Wann kann ein Psychologe und wann kann ein Jurist eine sinnvolle Hilfestellung bei Partnerschaftsproblemen geben?

Diese Frage ist leider nicht so einfach zu beantworten, wie es zunächst erscheint. Es kommt immer auf das Stadium und den Hintergrund einer Konfliktsituation an und vor allem auf das, was die Konfliktparteien erreichen wollen.

Am einfachsten ist dies sicher an folgenden Beispielen zu erklären: Stehen zwei Partner immer wieder vor den gleichen Problemen, streiten sie immer wieder um die gleichen – vielleicht sogar relativ unwichtigen Dinge – und verstehen selbst nicht, warum sie da immer wieder hineingeraten, obwohl sie sich doch weiterhin lieb haben und miteinander leben wollen, dann kann hier ein erfahrener Psychologe mit Sicherheit helfen, wenn … ja, wenn auch beide Partner bereit sind, sich helfen zu lassen. Der nicht selten gehörte Satz: *„Ich bin doch nicht bekloppt, ich muss doch nicht zum Psychologen"*, der meist von der Seite des vermeintlich starken Geschlechts geäußert wird, ist da wenig hilfreich.

Im vorbeschriebenen Fall sind es meist uralte Programmierungen auf der unbewussten Ebene, die immer wieder aufeinanderprallen und zu Konflikten führen. Keiner versteht den anderen so recht, keiner will eigentlich den Streit und trotzdem … Hier gilt es aufzudecken, bewusst zu machen und entsprechende Verhaltensänderungen zu bewirken. Ein Jurist wäre damit mangels psychologischer Ausbildung sicher überfordert.

Noch einmal:

An einer Lösung, an einem Aufeinanderzugehen, an einem Wiederzueinanderfinden müssen immer beide Partner interessiert sein.

Oft erlebe ich, dass ein Partner aus Gefälligkeit zu einem Beratungsgespräch mitkommt (man will sich ja nicht vorwerfen lassen, nicht alles versucht zu haben). Solche Alibitermine, die relativ leicht durchschaubar sind, haben keinerlei Sinn. Dies gilt für die psychologische wie auch für die juristische Ebene gleichermaßen.

Das zweite Beispiel: Ein Paar sagt von sich selbst, dass sie sich total auseinandergelebt haben, dass sie sich inzwischen relativ gleichgültig sind und endlich frei sein wollen, um das Leben zu führen, das sie sich schon immer vorgestellt haben. Leider wäre dies aber nicht so einfach, denn die gemeinsame Firma, das gemeinsame Vermögen wie Haus, Grundstücke und Aktiendepot und letztlich auch die gemeinsamen Kinder würden sie aneinander fesseln.

Hier wäre dann ein Psychologe mangels juristischer Ausbildung nicht nur überfordert, sondern absolut fehl am Platz. Dies ist das klassische Feld für eine juristische Beratung oder auch für eine Mediation, die durchaus helfend und klärend wirken kann.

Aber was ist eine Mediation?

Die Bezeichnung *Mediation* hat nichts mit Meditation zu tun.

Ein Mediator/in versucht die Verständigung und das Verständnis zwischen den Streitenden wieder so in Gang zu bringen, dass sie selbst wieder konstruktiv miteinander reden und entscheiden können.

Dies setzt allerdings wieder jenen hohen Grad von Lösungswilligkeit bei den Beteiligten voraus, über den wir schon gesprochen haben und ohne den auch eine Mediation keinen Erfolg haben kann.

Eine Mediation kann besonders in der Entstehungsphase eines Konflikts sinnvoll sein. Ist hingegen eine Situation total verhärtet, ist kein Manövrierspielraum mehr vorhanden, ist sie ziemlich chancenlos. Ein Mediator/in ist neutral und vertritt nicht die Interessen einer bestimmten Partei. Er kann aus einem juristischen Beruf stammen, muss dies aber nicht. Auch Angehörige anderer Berufe können sich zum Mediator ausbilden lassen.

Ist ein Mediator/in aber z.B. Rechtsanwalt, darf er in einer evtl. nachfolgenden Gerichtsverhandlung keine der beiden vorher von ihm in einem Mediationsversuch betreuten Parteien vertreten.

Dies kann eine relativ teure Angelegenheit werden, denn in einem solchen Fall wäre erstens die Mediation und zweitens die anwaltliche Vertretung zu zahlen. Also auch schon aus diesem Grunde ist unbedingt Ernsthaftigkeit angesagt.

Welchen Weg Sie auch immer wählen, wo auch immer Sie sich beraten lassen – Psychologen, Anwälte, soziale Berufe oder wer und was auch immer sind Dienstleister, die Sie auswählen und beauftragen. Liefern Sie sich niemandem aus. Es ist Ihr Leben, für das ganz allein Sie verantwortlich sind.

Wenn schon eine Partnerschaft zerbricht und nicht mehr heilbar erscheint, sollten wir zumindest dafür sorgen, dass nicht auch noch die beteiligten Menschen daran zerbrechen, sondern noch halbwegs heil bleiben. Vergessen wir dabei vor allem die Kinder nicht.

Ihre Kontaktmöglichkeit zu den Autoren:

Matt G. Abend
Privatpraxis für neue Psychologie, Psychotherapie und ganzheitliche Lebensheilung.

Matt Galan Abend ist zugleich Psychologe auf dem Gebiet der Psychosomatik und Persönlichkeitsentwicklung und hat in der Wirtschaft Erfahrungen als Unternehmer, Vorstandsvorsitzender und Marketingfachmann gesammelt. Er besitzt die staatliche Zulassung zur Ausübung der Psychotherapie und wirkt als Coach und Trainer des von ihm entwickelten Galan-Master-Trainings.

HOMEPAGE: WWW.GALAN-MASTER-TRAINING.DE
EMAIL: GALANMASTER@AOL.COM

Celia Elsdörfer
Rechtsanwältin und Mediatorin

Celia Elsdörfer arbeitet als selbständige Rechtsanwältin und Mediatorin mit eigener Praxis im Zentrum Münchens. Ihre Tätigkeitsschwerpunkte sind das Familienrecht, insbesondere Ehescheidungen, Sorge- und Umgangsrecht, Unterhaltsrecht usw.
Bei ihrer Tätigkeit liegt ihr das Wohl evtl. mitbeteiligter Kinder ganz besonders am Herzen. Regelmäßige Teilnahme an berufsbegleitenden Seminaren mit den Schwerpunkten Kommunikation und Konfliktlösung sowie diverse Vortragstätigkeiten ergänzen ihr berufliches Engagement.

HOMEPAGE: WWW.RECHTSANWALT-ELSDOERFER.DE
EMAIL: INFO@RECHTSANWALT-ELSDOERFER.DE

Weitere Bücher aus dem Verlag Via Nova:

Die Angst ist ein seltsamer Vogel

Wie wir Ängste und Blockaden spielerisch überwinden können

Matt Galan Abend

Hardcover, 144 Seiten, 10 Zeichnungen, ISBN 978-3-86616-106-1

Noch nie war das menschliche Leben so angstbesetzt wie heute: Existenzangst, Versagensangst, Angst um den Arbeitsplatz, Angst vor Verarmung, dem Alter, vor Krankheit, dem Alleinsein usw. usw. Für den Autor lautet die alles entscheidende Frage: Habe ich Angst – oder hat die Angst mich? Wer hat wen? Wer geht mit wem um? Matt Galan Abend entlarvt zunächst die Angst als Software unseres Unterbewusstseins, beschreibt Ursachen und Hindernisse, weshalb die Angst so bedrohlich ist und unüberwindbar scheint. Er lehrt, wie man sich von der Angst trennen und die Identifikationen mit ihr auflösen kann. Der Autor personifiziert die Angst in diesem Buch mit der Figur des seltsamen Vogels und zeigt darüber hinaus einen Weg, wie wir Ängste und Blockaden auch aus unserer unbegrenzten, geistigen Ebene heraus heilen können.

Das Doppel-Ich

Eine authentische Lebensgeschichte

Matt Galan Abend

Hardcover, 160 Seiten, ISBN 978-3-86616-029-3

Ihrem Wesen nach sind die beiden Ebenen des Menschen unvereinbar. Eine lebenslange Zerreißprobe. Die eine Ebene will, die andere Ebene bremst. Die unbegrenzte Seele sagt z. B. ja, der begrenzte Verstand analysiert, sagt nein, morgen wieder ja und übermorgen ... Lösbar ist dieser Dauerkonflikt letztlich nur durch eine Identifikation unseres ICH mit unserer geistigen Ebene. Der Autor schildert diesen inneren Führungskampf aus der Sicht der inkarnierten Seele. In eine kleinbürgerliche Familie geboren, hat sich der Verfasser das Bewusstsein seiner ganzheitlich-göttlichen Herkunft bewahrt und sieht sein Leben aus dieser Perspektive. Sympathisch ist der trocken-schlagfertige Stil, ohne Wehleidigkeit, nüchtern, sachlich, witzig. Dieses Buch vermittelt dem Leser einen authentischen Einblick in tiefere Schichten des Menschen.

Der individuelle Weg zu Gott

Religionsübergreifend und neutral

Matt Galan Abend

Hardcover, 120 Seiten, ISBN 978-3-86616-018-7

C. G. Jung hat einmal sinngemäß gesagt, dass von einem bestimmten Punkt an alle psychischen Probleme der Menschen religiöser Natur sind. Als Psychologe und Psychotherapeut begegnet der Verfasser täglich den Sorgen, Zweifeln und Ängsten der Menschen, die, sofern sie überhaupt noch an Gott glauben, mit Gott unlösbar erscheinende Schwierigkeiten haben. Gibt es angesichts der Ungerechtigkeiten und des Elends in der Welt einen gerechten, liebenden Gott? Wie kann er zulassen, was in der Welt an Bösem geschieht? Für den Verfasser ist Gott kein Tyrann, er will uns nicht bestrafen, er hat uns nicht gekündigt, er will uns keine Furcht vor ihm und seinen unerforschlich erscheinenden Ratschlüssen einjagen, denn wir sind ja nicht getrennt von ihm, sondern in ihm.

Freundschaft – ein Geschenk des Lebens

Max Lang

Paperback, 240 Seiten, ISBN 978-3-86616-143-6

Was wäre unser Leben ohne gute Freunde! Wie könnte es ohne sie gelingen! Die Freundschaften sind es, die dem eigenen Dasein Fülle und Tiefe verleihen. Im Geben und im Nehmen erschließen sie menschliches Werden und Vollenden. In zahlreichen Geschichten, im Blick auf die Jahrhunderte und auf die Kulturen der Welt und die Weisheit der Philosophen erschließt er die spirituelle Dimension der Freundschaft. Als besonders hilfreich erweisen sich hierbei Impulse aus der Welt des Buddhismus. Ein eigenes Kapitel ist der Freundschaft mit alten Menschen gewidmet.

Heilung beginnt im Herzen

Die inneren Kräfte wecken, um Körper und Seele zu heilen

Chuck Spezzano

Hardcover, 240 Seiten, ISBN 978-3-86616-140-5

Das neue Buch des bekannten Lebenslehrers Dr. Chuck Spezzano gibt dem Leser grundlegende Prinzipien und Methoden an die Hand, um sich von allen Formen von Krankheit und Schmerz zu befreien. Es ergründet nicht nur die Wurzeln dessen, was Krankheiten und Schmerzen erzeugt, sondern zeigt darüber hinaus praktische Wege, wie man die dem eigenen Herzen und Geist innewohnende Kraft nutzen kann, um Krankheiten zu heilen und Schmerz aufzulösen.

Liebe dich selbst, sonst liebt dich keiner

Ein neues Selbstwertgefühl für Frauen

Irene Goldmann

Hardcover, 168 Seiten, ISBN 978-3-86616-125-2

Warum fällt es Frauen heute trotz besserer Möglichkeiten so schwer, ihr Leben glücklich zu gestalten? Dieser Frage geht die Autorin nach und kommt auf überraschende Antworten: Die Vorstellung von der Liebe als einer Art „Schlaraffenland" ist es, die verhindert, in der Partnerschaft das ersehnte Glück zu finden. Viele Frauen haben nicht genügend gelernt, sich um sich selbst zu kümmern, sich selbst zu lieben. Warum aber mangelt es Frauen an dieser Fähigkeit, die doch die Grundlage für persönliches Glück ist? Auf der Basis jüngster wissenschaftlicher Forschung erklärt die Autorin nicht nur, wie dieser Mangel entsteht. Sie macht auch deutlich, dass es möglich ist, Selbstliebe zu lernen, und begleitet Frauen auf diesem Weg. Sie zeigt ihnen, wie sie ihre Bedürfnisse optimal befriedigen, ihr Leben glücklich und sinnerfüllend gestalten und zu seiner einzigartigen Bedeutung vordringen können, um dann wirklich fähig für wahre Liebe und Partnerschaft zu werden.

Lebenskrisen meistern

Handbuch für Selbstmanagement in schwierigen Zeiten

Erika Helene Etminan

Paperback, 320 Seiten, ISBN 978-3-86616-145-0

Dieses Buch ist eine wichtige Unterstützung für Menschen, die eine schwere Lebenskrise durchleben oder die einen anderen Menschen durch eine solche Krise begleiten. Es hilft zu verstehen, was eigentlich in Krisenzeiten geschieht. Dies gilt für Krisen im privaten wie im beruflichen Leben, aber auch in Unternehmen und Organisationen. Alle wichtigen Aspekte der Krisenentstehung und Krisenbewältigung mit vielen praktischen Hinweisen und Erfahrungsberichten sind in diesem Buch übersichtlich dargestellt und verständlich erläutert. Ausführlich wird die spirituelle Dimension des Krisengeschehens erläutert und zugänglich gemacht.

Medizin für die Seele

Lebens- und Seelenkräfte im Alltag mobilisieren

Prof. Franz Decker

Paperback, 224 Seiten, 32 Grafiken, ISBN 978-3-86616-115-3

Für viele Menschen ist es heute sehr schwierig, den Herausforderungen des Alltags in unserer komplexen, schnelllebigen Welt gerecht zu werden, das eigene Leben selbstverantwortlich zu gestalten und sinnvoll und erfüllt zu leben. Prof. Franz Decker zeigt in seinem Buch diese Probleme auf, aber auch Möglichkeiten, die „Überlebenskräfte", die unerschöpflichen Kraftquellen der Seele und des Geistes, zu wecken und zu entwickeln, um in seelischem Gleichgewicht, mit Freude, Gelassenheit, Mut und Zuversicht das Leben zu bestehen. Das Buch erwuchs aus eigener Erfahrung und basiert auf den neuesten Erkenntnissen, dass durch eine entsprechende Neuorientierung und Seelenprogrammierung ein erfülltes und ausgeglichenes Leben möglich ist. Beispiele veranschaulichen und überzeugen. Es bietet sehr einprägsam ein Programm zur Förderung der Lebens- und Seelenkräfte im Alltag sowie Übungen zur Entspannung, Besinnung, Meditation, mentalen Lebensänderung und emotionalen Stabilisierung.

Sich ändern – statt ärgern

Vom Umgang mit turbulenten Gefühlen

Kurt A. Richter

Paperback, 288 Seiten, ISBN 978-3-86616-124-5

Machen Sie sich fit im Umgang mit arroganten, nörglerischen, vorwurfsvollen, eifersüchtigen, rechthaberischen, neidischen und zynischen Zeitgenossen. Erkennen Sie die inneren Ursachen negativer Gefühlszustände, die Ihr Selbstbewusstsein und Ihre besten Qualitäten unterdrücken. Entdecken Sie anhand von 22 inspirierenden Gesprächen, ähnlich der Dialog-Methode von Sokrates, völlig neue Möglichkeiten, mit verbalen Tiefschlägen und turbulenten Gefühlszuständen wie Ärger, Schuldgefühlen, Streit, Sorgen, Prüfungsängsten und Schlafstörungen umzugehen. „Update your brain" heißt: Aktualisieren Sie Ihr Denken und bringen Sie Ihre soziale Kreativität auf den neuesten Stand. „Update your brain" heißt: *Update für deinen Geist ... dein Gemüt ... dein Wohlbefinden ... deine Leistungsfähigkeit ... deine Lebendigkeit ... dein Glückserleben ... deine Liebe ... deine Lebensfreude ... deine Kreativität ... deine Inspiration ... deine Leidenschaft ... deine Energie ... deinen Humor.*